DAILY
法学選書

ピンポイント
デイリー法学選書編修委員会 [編]

刑事訴訟法

三省堂

はじめに

　刑事訴訟法は、刑事手続に関する法律です。刑事訴訟は、被告人の身体を拘束したり、死刑判決により生命を奪うこともできるため、非常に重大な制度です。刑事訴訟法は、刑事裁判が公正・迅速に行われるようにルールを規定しています。また刑事訴訟法は、それ以前の捜査段階に関する手続や証拠に関する規定も置いている点にも特徴があります。

　刑事訴訟法の学習は、刑事手続の流れを理解することが大切です。捜査手続では、個々の法制度を押さえるとともに、具体的な事例をイメージすることが大切です。また、公判手続の学習は、個別の制度を理解する以上に、すべての手続が関連性をもっていることを意識する必要があります。刑事手続全体の中で、学習している部分の位置づけを常に確認しながら、繰り返し学習することで、理解を深めていくことが重要です。

　本書は、初めて法律を学習する人を対象に、読みやすく、無理なく刑事訴訟法全体の重要な知識が習得できるように構成された入門書です。特に法制度や手続の「幹」になる部分の解説に重点を置いています。判例・学説の対立についても、細かい議論に立ち入るよりも、その背景にある問題の所在を明らかにして、考える筋道を提示するように心がけています。

　本書を通読していただいた上で、今後、より詳細な体系書などの学習へと進んだ場合に、混乱することなく、スムーズに内容を理解できるように、土台になる徹底した基礎内容を丁寧に解説しています。

　本書を日常学習のお役に立てていただき、次のステップへの架け橋としてご活用いただければ幸いです。

デイリー法学選書編修委員会

Contents

はじめに

第1章　刑事訴訟の全体像

図解　刑事訴訟手続の全体像　　　　　　　　　　8

1 　刑事訴訟法の意味　　　　　　　　　　　　10

2 　刑事訴訟法の基本原則　　　　　　　　　　14

3 　刑事訴訟法の目的　　　　　　　　　　　　18

4 　刑事訴訟の担い手　　　　　　　　　　　　20

5 　捜査の開始　　　　　　　　　　　　　　　22

6 　公訴提起と冒頭手続　　　　　　　　　　　26

7 　判決から上訴　　　　　　　　　　　　　　28

Column　刑罰と量刑　　　　　　　　　　　　30

第2章　公訴提起前の手続

1 　被告人・弁護人　　　　　　　　　　　　　32

2 　警察官・検察官　　　　　　　　　　　　　34

3 　裁判所　　　　　　　　　　　　　　　　　36

4 　捜　　査　　　　　　　　　　　　　　　　38

5 　強制処分法定主義と令状主義　　　　　　　42

6 　捜査の端緒　　　　　　　　　　　　　　　44

7 　職務質問　　　　　　　　　　　　　　　　46

8 　警察や裁判所から呼出しを受けたときの対応　　50

9 　取調べ　　　　　　　　　　　　　　　　　52

10 取調べの可視化　　　　　　　　　　　　　56

11 任意捜査の種類　　　　　　　　　　　　　58

12 通常逮捕　　　　　　　　　　　　　　　　60

13 現行犯逮捕・緊急逮捕　　　　　　　　　　62

14 逮捕後の措置　　　　　　　　　　　　　　64

15 勾　　留　　　　　　　　　　　　　　　　66

16 逮捕・勾留に関する原則	68
17 別件逮捕・勾留	70
18 捜索・差押え・検証	72
19 捜索・差押えと特定	74
20 科学的捜査	76
21 通信傍受	78
22 黙秘権	80
23 接見交通権	82
24 不当な処分を積極的に争う被疑者の権利	84
Column　留置場や拘置所、刑務所の違い	86

第3章　公訴提起

1 公訴提起	88
2 公訴提起の効果	90
3 起訴便宜主義	92
4 不当な不起訴処分に対する抑制	94
5 公訴権濫用論	96
6 起訴状一本主義	98
7 訴　　因	100
8 訴因の特定	104
9 訴因変更	106
10 保　　釈	110
11 訴訟条件	112
Column　起訴状	114

第4章　公判手続

| 1 公判の基本原則と適正な審理 | 116 |
| 2 公判準備 | 118 |

3	公判前整理手続	120
4	第1回公判期日の最初の手続・簡略な手続	122
5	証拠調べ手続	126
6	刑事手続における被害者保護制度	128
7	証　　拠	130
8	厳格な証明と自由な証明	132
9	自由心証主義	134
10	挙証責任	136
11	「疑わしきは被告人の利益に」の原則	138
12	証拠裁判主義	140
13	人証とその証拠調べの方式	142
14	外国人犯罪と法廷通訳	146
15	証人を保護するための制度	148
16	物証・書証とその証拠調べの方式	150
17	司法取引	152
18	証拠能力	154
19	伝聞法則	156
20	伝聞法則の例外	158
21	自白法則	162
22	違法収集証拠排除法則	166
23	弁論手続・判決手続	170
24	裁　　判	172
25	裁判の効力・一事不再理効	176
26	上　　訴	178
27	再　　審	182
28	被害者を救済する制度と機関	184
29	裁判員制度	186
30	少年事件手続	190

第1章

刑事訴訟の
全体像

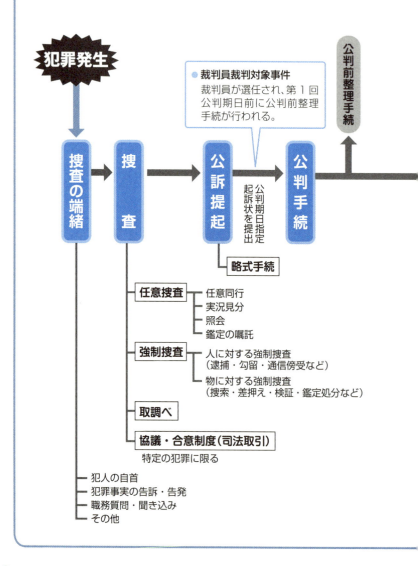

第1章 ■ 刑事訴訟の全体像

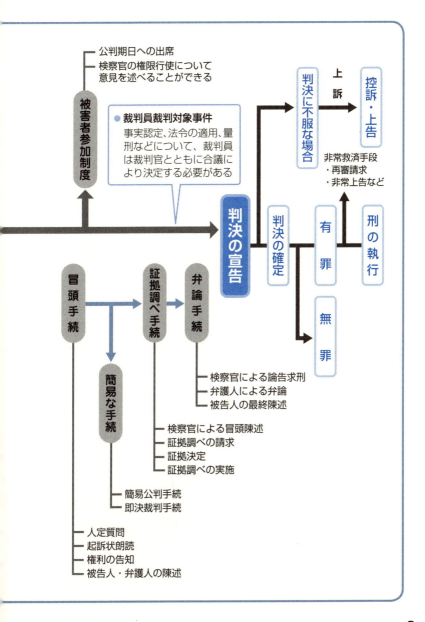

1 刑事訴訟法の意味

刑事訴訟法の意味

　法律は、その内容に着目して、2つに分類することができます。実体法と手続法です。

　実体法は、法律関係の内容を定める法のことをいいます。たとえば、Aが自分の所有している壺を壊しても、犯罪にはなりません。しかし、AがBの所有している壺を壊す行為は犯罪になります。この違いは、刑法 261 条が「他人の物を損壊した行為は器物損壊罪にあたる」と規定しているからです。このように、実体法は犯罪の要件などを定めています。

　では、Aの行為が器物損壊罪にあたるとして、誰でもAをつかまえて、処罰することが可能なのでしょうか。また、Aが器物損壊罪にあたる行為を否定しているとき、誰がその行為があったか否かを判断するのでしょうか。このように実体法の内容を具体化し、また、実体法を適用・執行する前提となる事実を確定するための方式を定めた法を手続法といいます。刑事訴訟法は、手続法にあたります。

　刑事訴訟法と聞くと、裁判所の法廷に、裁判官、検察官、弁護人（弁護士）、被告人がいて、これらの者の行動などを規律する法を想像するかもしれません。これは間違いではありません。裁判所における手続を公判手続といいます。これだけでなく、刑事訴訟法は、公判手続に至る前の段階（逮捕などの手続）も規定しています。この段階の手続を捜査手続といいます。つまり、刑事訴訟法は、捜査手続から公判手続まで規定しているのです。

10

第1章 ■ 刑事訴訟の全体像

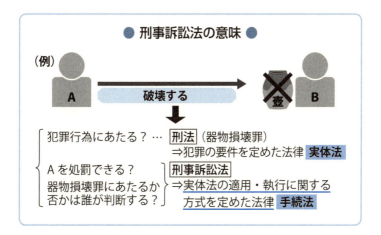

刑事訴訟法はどのように作られたのか

日本においては明治時代から大正時代にかけて、フランスやドイツを参考にした刑事訴訟制度が整備されました。しかし、この時代の制度は、人権保障が十分になされていないものでした。

第二次世界大戦後、日本国憲法が制定されました。日本国憲法は、個人の尊厳を重要な価値とし、基本的人権の保障を基本原理のひとつとしています。そこで、刑事手続を日本国憲法の趣旨に沿ったものとするため、現在の刑事訴訟法が制定されました。

刑事訴訟とは

人は、誰かに損害を生じさせたときなど、責任をとらなければならないことがあります。責任には、大きく分けて3つの種類があります。法的責任、社会的責任、政治的責任です。たとえば、AがBを殴ったとします。Aが有名人であれば、Aは謝罪会見を開いたり、活動を自粛しなければならないかもしれま

せん。これは社会的責任をとっているといえます。Ａが政治家であれば、議員を辞職するなどしなければなりません。これは政治的責任をとっているといえます。

法的責任とは、法律上負わなければならない責任のことです。法的責任は、大きく民事責任と刑事責任に分けられます。ＢがＡに殴られたことによって負傷し、病院で治療したとすると、治療代という損害が生じています。この場合、ＢはＡに損害賠償を請求できます（民法709条）。これが民事責任です。これに対して、刑事責任は犯罪を行った者に刑罰を科するものをいいます。ＡがＢを殴って負傷させる行為は、刑法204条の傷害罪にあたります。傷害罪については「15年以下の懲役又は50万円以下の罰金」という刑罰が規定されています。

刑事訴訟は、犯罪を行った者について、刑事責任を追及する制度です。そのため、刑事訴訟では、Ａが本当にＢを殴って傷つけたのかどうか、そうだとして、どのような刑罰が妥当なのかなどを訴訟で審理・判断します。

どんな特徴があるのか

刑事訴訟法は、弾劾主義を徹底し、当事者主義を採用したところに特徴があります。ここでは、弾劾主義を説明します。

弾劾主義は、糺問主義と対立する概念です。刑事訴訟は、犯罪をしたと疑われる者の刑事責任を追及し、その者の刑事責任の有無を審判するものですが、糺問主義は刑事責任の追及者と審判者が同一の主体に委ねられる手続の形式です。糺問主義の考え方は、主に中世ヨーロッパの刑事手続でとられていました。このときの国家は、権力分立が徹底されておらず、国家が刑事責任の追及と審判をともに行う形式になっていました。つまり、

12

糺問主義の下では、審判者の裁判官と追及者の検察官が分立していないことから、検察官・裁判官と被告人・弁護人の二面構造となります。

弾劾主義は、刑事責任の追及者と審判者とを異なる主体に委ねる手続形式をいいます。現行の刑事訴訟法は弾劾主義をとっています。弾劾主義では、追及者（検察官）と被追及者（被告人・弁護人）が当事者となり、審判者（裁判所）が当事者とは切り離された別の主体となるため、三面構造をとるようになります。弾劾主義では審判者が第三者的な立場であることから、糺問主義よりも公平性が確保されます。

▌刑事訴訟法の構造

刑事訴訟法は、捜査手続と公判手続から構成されています。弾劾主義を採用し、当事者主義を基調としていることから、公判手続は、公開法廷における公平・中立な裁判官の面前で、検察官と被告人・弁護人が対等の当事者として主張を尽くします。

捜査手続においては、当事者を対等に取り扱うことが困難であり、また、捜査手続をすべて公開することは必ずしも妥当な結果を生じません。そこで、公判手続において刑事責任の有無を決すべきであるという公判中心主義の構造をとっています。

▌刑事訴訟法の関連法

憲法31条〜40条に刑事手続に関する規定があります。刑事訴訟法はこれを具体化するものであり、その解釈において憲法の趣旨に反してはなりません。また、刑事訴訟規則には、刑事訴訟法を補う細かい規定が設けられています。

2 刑事訴訟法の基本原則

刑事訴訟の基本原則

　刑事訴訟は、その結果が社会公共に影響を及ぼします。また、刑罰を受ける者は、自らの人権を大きく侵害される可能性があります。そこで、刑事訴訟法は、実体的真実主義、適正手続、当事者主義、迅速な裁判の4つを基本原則として、人権保障や公共の福祉に配慮して規定を置いています。

実体的真実主義

　実体的真実主義は、刑事責任の有無の判断について、客観的な真実を追求する原則のことをいいます。民事訴訟においては、当事者間に争いのない事実は、客観的な真実でなくても、裁判所は真実として扱うことになっています。しかし、刑事訴訟においては、その結果が社会公共に関するものであり、客観的真実に基づかない刑罰は被告人の人権侵害となることから、実体的真実主義が採られています。

　どれだけ、捜査を尽くしても、真実性の判断には誤りが生じることがあります。また、捜査を尽くすといっても、時間や費用の関係上、限界があります。実体的真実主義は、これらの限界があることを前提としつつ、できる限り客観的な真実の発見に尽くすべきとする原則です。

　実体的真実主義には、「犯人を1人たりも逃してはならない」と積極的に考えるものと、「無実の人が処罰されてはならない」と消極的に考えるものがあります。理想としては、どちらの考えも両立できるようにすべきでしょう。しかし、捜査の時間や

第1章 刑事訴訟の全体像

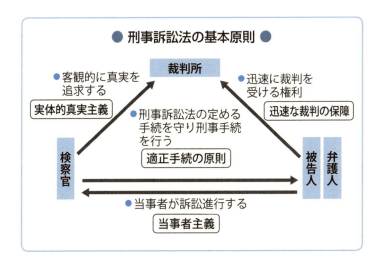

費用に限界があること、真実の判断には誤りが生じる場合があることから、両立させることには限界があります。

では、積極的な考えと消極的な考え、どちらを優先させるべきでしょうか。

たとえば、真犯人がAである殺人事件が起こったとします。Aが証拠不十分で無罪となったとすると、被害者遺族は納得しないでしょう。また、殺人犯が平然と社会に戻ってくるのは、社会公共的に不利益が生じているといえます。

しかし、この事件で無実のBに有罪判決が出たとしましょう。殺人罪ですので、最悪の場合、死刑判決がなされます。無実の人間が死刑によって尊い命を奪われるのは、人権保障という観点から、決してあってはならないことです。また、無実の人間を犯人と仕立て上げたところで、被害者感情は救済されません。特に、無実である人が処罰されたという事実は、まじめに生活している人に、普通に生活していても処罰される可能性がある

と思わせることになり、社会公共に対する不利益も大きいといえます。このように考えると、無実の人間が処罰されることは、真犯人が逃れる以上の不利益なのです。

　実体的真実主義について積極的に考えるべきか、消極的に考えるべきか、簡単に比較できることではありませんが、前述したような理由から、消極的に考えるべきだと解されています。

▌適正手続

　適正手続は、憲法31条の要請です。具体的には、刑事手続が法律の定める手続によってなされること、その手続の内容が適正であることを要求するものです。

　では、なぜ適正手続が要請されるのでしょうか。この点について、適正手続の要請が実体的真実発見に役立つからだといわれることがあります。しかし、たとえば黙秘権を保障することは、被告人（被疑者）が真犯人であれば、実体的真実発見を妨害するものとなるでしょう。そこで、適正手続の要請は、それが人権保障や公共の福祉に役立つからだと考えられています。

　適正手続が保障され、真実と異なる判決を受けた場合と、適正手続が保障されず真実と異なる判決を受けた場合を比べてみましょう。真実と異なる判決は許されないものですが、人が判断するものである以上、制度上起こるリスクだと考えざるを得ません。適正手続が保障されている場合で、真実と異なる判決を受けるのは、この制度上起こるリスクが発生したものといえるでしょう（上訴・再審で是正を求めます）。しかし、適正手続が保障されずして真実と異なる判決を受けるのは、被告人を「人」として扱っていないに等しく、適正手続が保障されていない場合の人権侵害は非常に大きいといえます。また、適正

16

手続が保障されていない状況は社会公共に悪影響を及ぼします。そのため、適正手続の保障が要請されています。

当事者主義

当事者主義は、訴訟進行の主導権を当事者に委ねる原則のことをいいます。当事者が訴訟において対等の手段が与えられているという意味で「当事者主義」の言葉を用いることもあります。当事者主義に対する概念として、主導権を裁判所に委ねる職権主義があります。

当事者主義の下では、審判者である裁判所が第三者として審判に徹することができるため、公平性・中立性を確保することができます。しかし、当事者の能力次第で、裁判の結果が左右されかねません。特に刑事手続は検察官の方が権限や人的・物的資源において有利な場合が多いことから、実質的な対等を保障するため、被告人への証拠開示などが規定されています。

迅速な裁判

憲法37条1項は、迅速な裁判を保障しています。この規定を受けて、刑訴法1条も迅速な裁判の実現を規定しています。

迅速な裁判は、人権保障や社会公共の利益の点で重要です。刑事手続が遅延している状況では、被告人は有罪か無罪か未定の不安定な状態に置かれます。このような状況が続くと、被告人は自由な行動ができなくなります。また、刑事手続が遅延するという状態は、社会公共に著しく不利益を及ぼします。

もっとも、迅速な裁判を実現するあまり、適正性（適正手続）が害されてはいけません。迅速性と適正性との両立は困難ではありますが、どちらも実現できる制度が望まれます。

3 刑事訴訟法の目的

適正手続の保障と実体的真実主義が目的である

　刑事訴訟法1条に、刑事訴訟の目的が規定されています。そこには、刑事訴訟は、「公共の福祉の維持」と「基本的人権の保障」をまっとうしつつ、「事案の真相を明らか」にすることと、「刑罰法令を適正かつ迅速に適用実現」することが目的として挙げられています。

　「事案の真相を明らか」とは、実体的真実主義を意味すると解されています。「刑罰法令を適正」に適用することは適正手続の保障を意味すると解されています。この2つの目的は同時に達成されることが望ましいでしょう。実際、この2つの目的は必ずしも相反するものではありません。

　たとえば、逮捕や捜索・差押えをする際は、憲法33条・35条にも規定がありますが、裁判官による令状が必要です（令状主義）。これは、正当な理由による逮捕や捜索・差押えを保障する規定です。そのため、令状主義は適正手続の保障に役立つといえるでしょう。また、逮捕や捜索・差押えに令状を要求することは、捜査官の恣意的な捜査を抑止する効果があります。恣意的な捜査ができず、裁判官から捜査の適否について随時チェックを受けるとすると、捜査官はより正確に、より慎重に捜査するようになるでしょう。これは、捜査官が客観的な真実発見に向けて、より真摯に努力する状況を生むものといえます。そのため、令状主義は実体的真実主義にも役立つといえます。

　しかし、実体的真実主義と適正手続は衝突することがあります。たとえば、警察官が、裁判官による令状に基づかずに、A

第1章　刑事訴訟の全体像

● 刑事訴訟法の目的 ●

刑事訴訟法の目的

①事案の真相を明らかにする
⇒ 真実の発見
⇒ 正確で慎重な捜査・裁判の要求

②刑罰法令の適正・迅速な適用・実現
⇒ 被疑者・被告人の権利保障（人権保障）
⇒ 恣意的な捜査などの防止（令状主義など）
⇒ 違法収集証拠の排除

　の家を違法に捜索した結果、有罪認定の決定的な証拠を発見したとしましょう。適正手続の要請からすれば、このような違法に収集された証拠は排除されるべきです。ところが、この証拠が排除され、残りの証拠だけではAを有罪と認定できない場合、客観的な真実に反する判決（無罪判決）を言い渡さざるを得ません。このような場合、どう考えるべきでしょうか。

　適正手続の保障には、実体的真実発見に還元できない価値があります。上記のような違法な捜索による証拠を一度でも認めてしまうと、将来、捜査官が違法な捜索を繰り返すおそれがあります。そうすると、適正手続の保障はないがしろにされてしまうでしょう。また、違法な捜索で発見した証拠は、本当に実体的真実発見に役立つのでしょうか。たとえば、Aの家から見つかった証拠は、真犯人のBがAの家に隠したものである場合、違法な捜査により無罪のAが処罰されることになりかねません。

　どのような捜査方法によっても、実体的真実発見には限界がある以上、どんな場合でも適正手続は十分に保障されるべきなのです。

19

4 刑事訴訟の担い手

捜査手続の段階の担い手

　刑事訴訟法は、捜査手続から公判手続までを定めており、一連の手続の中でさまざまな人が関わります。ここでは、具体例を見ながら、どのような人が関わるのか見ていきましょう。

　ある日、Bが自宅で死亡していました。最初に発見したBの妻は警察へ連絡し、巡査部長のXは部下のYやZとともに捜査を開始しました。捜査の最初の段階は警察官が関わることが多いでしょう。警察官は、刑事訴訟法において司法警察職員と規定されています。

　捜査において、一般市民が関与することもあります。たとえば、Bの妻や近所の住人は、警察官から取調べを受けるかもしれません。また、Bの殺害現場に残った血液を鑑定嘱託（学識経験者に事実などの報告を求めること）した場合、鑑定受託者として専門家などが関わることもあります。

　捜査を進めると、被疑者としてAが浮上し、Aを殺人容疑で逮捕することになりました。人を逮捕する際は、原則として裁判官の発付する逮捕状が必要です（刑訴法199条1項）。間接的ではありますが、逮捕の手続に裁判官が登場します。

　ここで、Aは弁護士Lを弁護人として選任しました。被疑者も弁護人を選任することができるため、この時点から弁護人が関わることもあります。

　その後、X巡査部長は検察官Pに事件を送りました（送検）。検察官Pは、Aの勾留を請求し、Aを自ら取り調べるなどして、Aを起訴するかどうかを判断します。

第1章 ■ 刑事訴訟の全体像

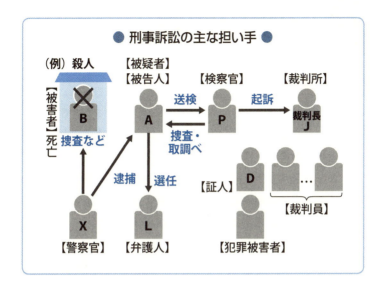

公判手続の段階の担い手

　検察官PがAを起訴したとします。弁護士Lは引き続きAの弁護人を務めることになり、裁判長J（裁判所）が公判手続に関わることになりました。また、Aは殺人容疑で起訴されたため、第一審は裁判員裁判となりました。この場合、一般市民が裁判員として、裁判官とともに公判手続に関与します。

　公判手続を進めると、AとDの共犯事件であるとの疑いが生じたので、裁判長JはDを証人として召喚しました。このように共犯者も公判手続に関与することがあります。

　また、Bの妻は、犯罪被害者の立場として、Aに質問をしました。犯罪被害者参加制度があるため、被害者や被害者遺族も公判手続に関与することができます。

　このように1つの事件を想定してみても、さまざまな人が関与しているのがわかると思います。

5 捜査の開始

手続は捜査から

　刑事手続は捜査によって始まります。社会にはさまざまなトラブルがあります。それらのトラブルから、捜査機関が犯罪となる疑いのあるものについて、誰が、どのような状況で行ったのかなどを調べます。公判手続を行うためには、被告人となる者（被疑者）や証拠が必要となるので、被疑者を確保し、証拠を収集・保全することに捜査の役割があります。

　捜査が行われ、犯罪の嫌疑が徐々に固められていきます。そして、捜査により判明した犯罪事実により、検察官は被疑者を起訴します。もっとも、捜査をしても起訴できるほどに犯罪事実が判明しなかった場合や、起訴を見合わせるべき事情が判明した場合などは、不起訴処分とすることもあります。また、公判を遂行するためには、捜査において十分な証拠を収集している必要があります。したがって、起訴や公判手続に向けた準備活動が捜査だということができます。

捜査の端緒

　捜査は、捜査機関が「犯罪があると思料」したときに開始されます。この犯罪があると考えるきっかけのことを捜査の端緒といいます。捜査の端緒になるものを、前の項目と同様のB殺害事件をもとに見ていきましょう。

　まず、告訴・告発・被害届です。これらは、犯人以外の者から、捜査機関に対して犯罪の存在が知らされることで、捜査の端緒となります。先ほどの例で、自宅で死亡していたBを、B

第1章 刑事訴訟の全体像

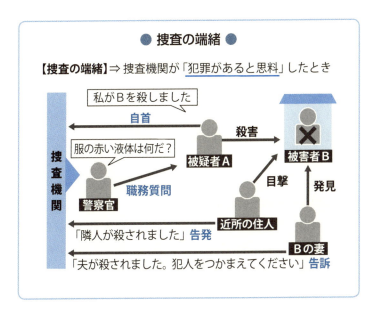

　の妻が発見し、「夫のBが自宅で殺されました。犯人をつかまえてください」という趣旨の申し出（連絡）を警察官に行ったとすると、それは告訴にあたります。これに対して、同じ内容（B殺害の犯人をつかまえるべきこと）を警察官に申し出たのが近所の住人だとすると、それは告発にあたります。

　一方、Bが死亡しておらず、Aに暴行を受けたものとしましょう。このとき、Bが警察官に「暴行を受けた」ことだけを申告するのが被害届です。被害届は、端的に被害に遭った事実を告げる目的で行われ、犯人の処罰を求める意思表示を含まない点で、告訴・告発と区別することが可能です。

　犯人自身から捜査機関が犯罪を知ることもあります。Bの死体をBの妻が発見する前に、Aが警察署に出頭しました。そして、「さっき、Bを殺害した」と申し出て、自己の処分を委ね

23

たとします。これは自首にあたります（刑法42条）。自首は犯人からの申告が捜査の端緒になる場合です。

　警察官の活動により犯罪を知ることもあります。巡査YとZが街を巡回していると、フラフラと歩いているAを見つけました。Aをよく見ると、その衣服には血痕のようなものが付着していました。そこで、巡査YがAを停止させて、「この赤いのは何だ？」と質問しました。そうすると、AはBを殺害したことを供述しました。この巡査Yの行動は職務質問といいます。職務質問も捜査の端緒となります。

　捜査機関自身が犯罪を目撃することもあります。AがBを殺害した時、巡査Zがその場におり、殺害の瞬間を見ていたとすると、巡査ZはAをつかまえます。これを現行犯逮捕といい、捜査の端緒となります。なお、現行犯逮捕は一般市民（私人）でも行うことができます。

　生きている人以外から犯罪を知ることもあります。Bの死体がBの自宅でなく、公園で発見されたとします。そうすると、巡査部長Xは、死体を調べて、犯罪による死亡か否かを調べるでしょう。これを検視といいます。犯罪によるものとの疑いが生じた場合は、捜査が開始されます。

▌捜査活動を行うのは

　捜査活動を行うのは捜査機関です。上記の例でいうと、巡査部長X、巡査Y、巡査Zです。また、検察官や検察事務官も、捜査機関として捜査を行います。

▌逮捕・勾留の手続

　巡査部長Xは、Aを殺人容疑で逮捕することにしました。逮

捕には、通常逮捕、現行犯逮捕、緊急逮捕の3種類があります。今回は通常逮捕（逮捕状に基づく逮捕）をすることになりました。そのため、巡査部長Ｘは裁判官に逮捕状を請求しました。そして、発付された逮捕状に基づき、20xx年1月5日13時、巡査ＹはＡを逮捕しました（刑訴法199条1項）。

巡査Ｙは、逮捕したＡを巡査部長Ｘの下へ連行しました。巡査部長Ｘは、連行されてきたＡに対し、Ｂ殺害の嫌疑があることと、弁護人を選任する権利があることを告げました。そして、Ａに弁解の機会を与えて、Ａを留置しました。なお、留置の必要がないと判断した場合は、逮捕した被疑者を直ちに釈放しなければなりません。

20xx年1月7日9時、巡査部長Ｘは、Ａの身柄を検察官Ｐの下へ送りました（送検）。同日10時、検察官ＰはＡの身柄を受け取り、弁解の機会を与えて、Ａを留置しました。同月8日9時、検察官ＰはＡの勾留を請求しました。

勾留の請求を受けた裁判官は、Ａに対し、Ｂ殺害事件であることを告げて、弁護人選任権について告知しました。そして、Ａの陳述を聞き（勾留質問）、勾留状を発しました。

取調べ・捜索・差押え

取調べは、人の供述を対話者から直接得ようとする捜査機関の活動です。前述の例でいうと、逮捕前、逮捕後の留置中、勾留中、いずれの段階でも、Ａは取調べを受けるでしょう。

また、Ｂの死体が見つかったＢの家やＡの家などについて捜索・差押えがなされます。捜索・差押えは、事件に関する証拠や情報を得るために行われます。捜索・差押えも、裁判官の発する令状に基づき行うのが原則です。

6 公訴提起と冒頭手続

検察官による公訴提起

前の項目からのB殺害事件の続きを見ていきましょう。

Aは、20xx年1月8日から17日までの10日間、勾留されることになりました。そして、同月17日、検察官Pは、Aを、B殺害容疑で起訴しました。刑事訴訟法では起訴のことを公訴提起といいます。

そして、起訴をするか否かは、検察官が判断します（起訴便宜主義）。そのため、犯罪事実が十分に判明できていないと判断した場合、検察官が不起訴とすることもあります。

起訴をするとどうなる

B殺害事件は、検察官Pの起訴により、裁判所で訴訟中の状態となるとともに、Aの身分が被疑者から被告人へ変わります。起訴の効果としては、起訴された事件について、さらに起訴ができなくなり（二重起訴の禁止）、公訴時効（起訴ができなくなるまでの期間）が停止します。

冒頭手続

検察官Pの起訴により、B殺害事件について、公判が開始されました。当事者は、検察官P、被告人A、弁護人Lです。裁判所の裁判長はJです。

冒頭手続は、公判が開始された後、証拠調べ手続に入る前の段階の手続のことをいいます。

まず、裁判長Jは被告人Aの氏名・生年月日・本籍などを確

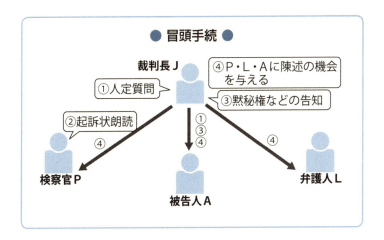

かめます。これを人定質問といいます。次に、検察官Pにより起訴状が朗読されます。ここでは、特に被告人Aの犯罪に関する事項（公訴事実）が朗読されます。そして、裁判長Jは、被告人Aに黙秘権など権利の告知をします。最後に、裁判長Jは、被告人Aや弁護人Lに陳述する機会を与えます。

証拠調べ手続から弁論手続へ

冒頭手続が終了すると、証拠調べ手続に入ります。まず、検察官Pが冒頭陳述を行い、証拠により証明しようとする事実を明らかにします。それから、検察官Pや弁護人L・被告人Aが証拠の取調べを請求し、証人尋問を行うなど、具体的な立証活動へと入っていきます。

証拠調べ手続が終わると、弁論手続に入ります。検察官Pが、被告人AがBを殺害したことを陳述し、「懲役7年が相当」などと量刑について意見を述べます。これに対して、弁護人Lや被告人Aも意見を陳述することで、弁論手続が終結します。

7 判決から上訴

判決とその確定

弁論手続が終わると、判決の宣告（言渡し）に移ります。

まず、判決の内容を決定します。Aを被告人とする公判手続は、殺人罪（刑法199条）にあたるか否かが争われています。そのため、第一審（地方裁判所）の公判手続は、裁判長Jとその他2人の裁判官に加えて、9人の裁判員で構成される合議体で取り扱われるのが原則です。殺人事件は裁判員裁判の対象となる事件だからです。裁判長Jとその他の裁判官、裁判員は、Aに殺人罪が成立するか否か意見を交わして、判決の内容を決定しました。

判決の宣告は公判廷において行います。そのため、裁判長Jと2人の裁判官、裁判員、裁判所書記官、検察官P、被告人A、弁護人Lが裁判所に出席します。そして、裁判長Jは、たとえば「被告人を懲役5年に処する」と主文を宣告した後、その理由を示します。ただし、死刑判決の場合などは、先に判決理由を述べた後に主文の朗読を行うことがあります。判決理由が先に朗読された場合は、厳しい判決であることが予測できます。

これで、被告人Aに対する第一審の裁判が成立しました。なお、犯罪の証明がないと判断された場合などは、無罪の宣告をします。

Aは、判決の宣告があった時から14日以内であれば、控訴をして、控訴審に対して不服を申し立てることができます。控訴をせずに控訴期間が経過したり、控訴の放棄をするなど、不服申立てができなくなったときに裁判が確定します。

28

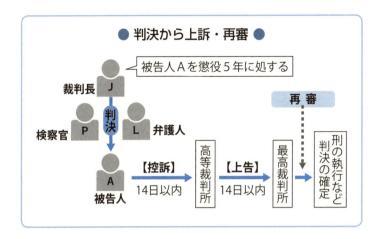

救済手続

　Aが控訴をすると、B殺害事件は控訴審（高等裁判所）に係属します。控訴は上訴のひとつです。上訴は、上級審に不服申立てをし、判決の変更を求めるものです。上訴には、上告もあります。上告は、高等裁判所が控訴審として宣告した判決に対してなされる上告審への不服申立てです。上告されると事件が最高裁判所に係属します。上訴は違法・不当な裁判を変更し、救済を図る制度です。

　Aの控訴は棄却され、裁判は確定しました。しかし、確定から3年後、A有罪を決定づけたとされる証拠が偽造であることが判明しました。このような場合、Aは、再審の請求をすることができます。

刑の執行

　Aの控訴は棄却され、裁判が確定しました。そのため、懲役5年という刑が執行されます。

Column

刑罰と量刑

　刑事裁判では、まず判決の大きな分かれ目として、被告人を有罪とするのか無罪とするのかを決定しなければなりません。特に裁判員裁判対象事件では、有罪とするためには、裁判官・裁判員いずれも1名以上が有罪とすることに賛成していなければ、有罪判決を宣告することはできません。

　そして、有罪判決と決定した場合に、次に具体的にいかなる刑罰を与えるのかを確定する必要があります。これを刑の量定（量刑）といいます。被告人の犯罪行為について、刑法などに規定されている刑罰（法定刑）について、具体的事情の下で、たとえば被告人が自首している場合は刑を減軽したり、被告人が再犯である場合は刑を加重するなどの考慮が加えられます（処断刑）。この処断刑の範囲で、被告人の反省の程度や、年齢・環境などを考慮して、更生の機会を重視するべきか否かなどを判断した上で、実際に被告人に判決として宣告する刑罰を決定します。これを宣告刑といいます。宣告刑については、裁判官や裁判員の裁量が認められているため、理由を明らかにすることは法律上の義務ではありませんが、最近では判決の中で、量刑を行う上で考慮した資料について述べていることも少なくありません。

　なお、刑罰の種類には重い順から、死刑、懲役、禁錮、罰金、拘留、科料、没収があります。被告人の反省の程度が大きいため、刑の執行が不要と認められる場合には、有罪判決であっても、刑の執行が猶予される執行猶予付き有罪判決を宣告することもあります。また、無期懲役刑に服している場合でも、10年以上の刑期が経過した後に、本人に十分な反省が認められると、仮釈放を行うこともあります。

第2章

公訴提起前の
手続

1 被告人・弁護人

被疑者・被告人とは

　被疑者とは、公訴の提起前（起訴前）において、捜査機関から犯罪を行ったと疑いをかけられている者をいいます。被告人は、公訴を提起された者（起訴後の者）をいいます。たとえば、窃盗事件において、Aが警察官に窃盗をしたと疑われている場合、Aは被疑者となります。その後、捜査が進んで起訴されると、Aは被告人となります。

　被疑者・被告人は、刑事手続の一方当事者として位置づけられます。しかし、警察官・検察官に比べて弱い立場に置かれることから、その防御権（自分を守る権利）を保障するために、黙秘権や弁護人選任権などが規定されています。

弁護人とは

　弁護人とは、刑事手続において、被疑者・被告人の防御権を保障するために選任される者です。弁護人の職務を遂行するには法律の専門的知識が求められるため、原則として、弁護人は弁護士である者の中から選任することが必要です。

　憲法34条は身柄拘束を受ける者に対し、憲法37条3項は被告人に対し、それぞれ弁護人依頼権を保障しています。そして、憲法の規定を受けて、刑訴法30条1項は、被疑者・被告人に弁護人選任権を保障しています。これらは、法律の専門家である弁護士の補助を受けることにより、防御権の保障を万全のものとすることを趣旨とした規定といえます。

　弁護人の選任方法には、私選と国選があります。私選弁護人

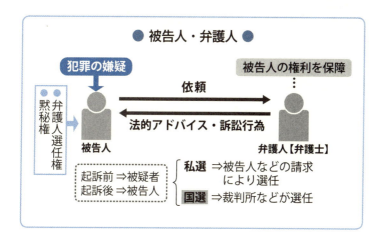

は、本人（被疑者・被告人）や本人と一定の関係にある者が選任する弁護人のことです。国選弁護人は、裁判所（裁判長）が選任する弁護人のことです。国選弁護人制度は、経済的事情により私選弁護士に依頼できない人への配慮です。

刑訴法41条は「弁護人は、この法律に特別の定めのある場合に限り、独立して訴訟行為をすることができる」と規定しています。しかし、弁護人は、被疑者や被告人の保護者に近い立場であることから、特別の定めがなくても、被疑者・被告人ができる行為のうち代理に親しむ行為であれば、被疑者・被告人の意思に反しない限り、独立して行うことができると考えられています。この場合、刑訴法41条は、被疑者・被告人の意思に反するとしても、刑訴法に特別の定めがある場合は、弁護人が独立して行うことができることを規定したと考えます。

弁護人は、原則として弁護士であるため、基本的人権の擁護と社会正義の実現のために職務を行い、被疑者・被告人と信頼関係を築いて真実発見に協力する義務を負っています。

2 警察官・検察官

警察官とは

　警察官とは、警察庁や都道府県警察の職員のうち、警察法に基づき警察官の名称を与えられた者をいいます。警察の組織は、国家警察と地方警察に分かれます。

　国家警察は、地方警察を指揮監督する組織で、実際の捜査機関ではありません。国家警察の組織は、内閣総理大臣の下に国家公安委員会が置かれ、その下に警察庁が置かれています。国家公安員会の長である国家公安委員長は国務大臣（内閣の構成員）です。

　地方警察は、都道府県ごとに組織されています。都道府県知事の下に都道府県公安委員会があり、その下に都道府県警察が組織されています。

　刑事訴訟法において登場する警察官は司法警察職員といわれます。司法警察職員は、すでに起こった犯罪を捜査するなどの事後処理的な活動を行います。さらに、将来の犯罪の予防・鎮圧のための行政警察活動も行います。行政警察活動の例として、交通事故が発生した際に警察官が行う交通整理や、交通取締まりなどが挙げられます。

　司法警察職員としての捜査権限をもっている者のうち、警察官が一般司法警察職員に該当し、警察官以外に司法警察職員としての権限が与えられる者（労働基準監督官、麻薬取締官など）が特別司法警察職員に該当します。また、司法警察職員は、司法警察員と司法巡査に分けられます。警察官の場合、司法警察員は巡査部長以上の警察官を指します。

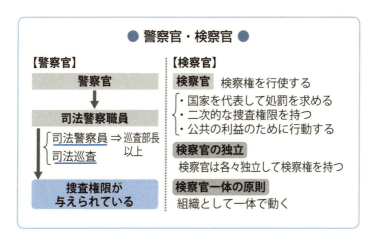

検察官とは

検察官は、検察庁に属して、検察権を行使します。検察官の職務は、国家を代表して処罰を求める当事者としての側面と、公共の利益のために活動する公益の代表者としての側面があります。

検察官はそれぞれ独立して検察権を行使します（検察権の独立）。しかし、検察庁内部においては、検事総長を頂点とする全国的に統一的・階層的な組織をなし、常に一体として検察事務を行います。これを検察官同一体の原則といいます。たとえば、ある事件についてA検事が担当していたとします。A検事が検察官を辞めて、事件をB検事が引き継ぐことになりました。このような場合でも、当初からB検事が事件を担当していたものと扱われ、公判手続の更新などの必要はありません。

捜査について、司法警察職員が第一次的な捜査機関で、検察官は第二次的な捜査機関にあたりますが、検察官は司法警察職員に対して指示する権限をもっています。

3 裁判所

裁判所の意味とは

裁判所については、国法上の裁判所と訴訟法上の裁判所という2つの意味があります。

国法上の裁判所とは、所属する職員全員や施設を含めた物理的な存在（官署）としての裁判所を意味します。具体的には、最高裁判所や、各地域に設置されている高等裁判所、地方裁判所、家庭裁判所、簡易裁判所のことを指します。

訴訟法上の裁判所とは、裁判官によって構成される裁判機関としての裁判所を意味します。つまり、裁判所内にある法廷のことを指します。刑事訴訟法における裁判所は、原則として訴訟法上の裁判所のことを意味します。訴訟法上の裁判所は、裁判官が1人である単独体、原則3人の裁判官で構成する合議体、裁判員裁判の合議体に分けられます。

どんな権限はあるのか

刑事訴訟法において、裁判所は権限を行使する主体としての意味で用いられます。「判決は裁判所が宣告する」といわれるときは、司法権を行使する主体として用いられます。

また、裁判所は訴訟指揮権をもっています。訴訟指揮権は、訴訟の進行を秩序付け、適切な審理を実現するための権限です。たとえば、A事件とB事件を併合して同一の手続で審理することが適切であると判断した場合、裁判所は弁論を併合します。これは訴訟指揮権のひとつです。

さらに、裁判所は法廷警察権を行使することができます。こ

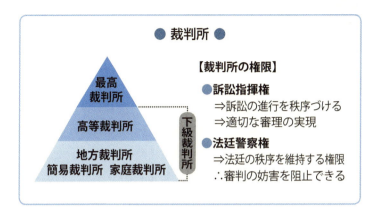

れは、法廷の秩序を維持し、審判の妨害を阻止する権限です。「法廷等の秩序維持に関する法律」により、裁判所は法定の秩序を乱す者に制裁を加えることができます。これが法廷警察権の行使にあたります。

裁判官の除斥・忌避・回避

除斥とは、裁判官に公平性を害する一定の事由がある場合、当事者の申立てを待つまでもなく、その裁判官を当然に職務執行から排除する制度のことをいいます。たとえば、裁判官が被告人の父親であった場合、その裁判官は除斥されます。

忌避は、裁判官が除斥事由にあたる場合や不公平な裁判をするおそれがある場合に、当事者の申立てに基づき、その裁判官を職務執行から排除する制度のことをいいます。

回避は、忌避原因があると思う裁判官が、自ら職務執行を辞退する制度のことをいいます。

これらの制度は、個々の具体的事件において、裁判所の公平性・中立性を確保することを趣旨とした制度です。

4 捜　　査

捜査とは

　捜査とは、公訴の提起（起訴）や公判の維持・遂行のための準備活動のことをいいます。具体的には、捜査機関による犯罪内容を解明するための証拠などの探索活動をいいます。たとえば、捜索・差押えは証拠となる人や物を発見するためになされます。

　刑訴法189条2項によれば、捜査は、犯罪があると考えられる場合に行われます。つまり、捜査を行うに先立ち、捜査をすべき理由が必要になります。そのため、理由のない捜査や理由を発見するための捜査は許されないといえます。

捜査構造論

　捜査にあたっては、捜査の対象者などの権利・利益を制約するおそれがあります。そこで、個人の権利・利益を保障しつつ、客観的な真実発見に役立つ捜査を実現するためには、どのような捜査システムが望ましいのかが議論されてきました。これを捜査構造論といい、糺問的捜査観と弾劾的捜査観に大きく分けることができます。

　糺問的捜査観とは、捜査は捜査機関が被疑者を取り調べるために行うものとする考え方です。この考え方によると、捜査は捜査機関がすべて行うので、個人の権利・利益を制約する捜査も捜査機関ができることになります。もっとも、捜査機関の濫用を防止するため、裁判所による抑制が行われると考えます。

　弾劾的捜査観とは、捜査は捜査機関による公判に向けた準備活動であり、被疑者も当事者として独自に同様の準備活動を行

38

第2章 ■ 公訴提起前の手続

● 捜査の意義 ●

捜査 → 捜査機関による犯罪内容を解明するための探索活動

【捜査構造論】 捜査をめぐる2つの観念

糺問的捜査観　捜査は捜査機関が被疑者を取り調べるためのもの
∴個人の権利・利益に対する制約も捜査のために許される←裁判官による抑制（濫用防止）

弾劾的捜査観　捜査は捜査機関の公判に向けた準備活動にすぎない
∴個人の権利・利益を制約する処分は、裁判所の公判に向けての証拠保全として許される

うとする考え方です。その上で、個人の権利・利益を制約する処分は、裁判所が将来の公判に向けて、証拠保全するために行うものとします。そのため、一方当事者である捜査機関は、その裁判所の活動を利用しているものと考えます。

　2つの考え方の違いは、手続に理解の違いに表れます。たとえば、通常逮捕は裁判官の発する逮捕状に基づいて行います（刑訴法199条1項）。この逮捕状の法的性質は、糺問的捜査観によると「許可状」（捜査機関の権限行使を裁判官が許すもの）となるのに対し、弾劾的捜査観によると「命令状」（証拠保全のために裁判官が命じるもの）となります。他にも、逮捕・勾留の目的が、糺問的捜査観によると被疑者の取調べとなるのに対し、弾劾的捜査観によると公判廷への出頭確保となります。

　学説の多くは基本的に弾劾的捜査観を採用しています。しかし、捜査実務は糺問的捜査観に近い運用であると考えられます。

　2つの考え方は、公判における糺問主義・弾劾主義の考え方を捜査手続に応用したもので、捜査手続の理論的・構造的な理

39

解に役立ちます。しかし、それぞれの考え方から、捜査手続の解釈論や立法論が当然に導かれるわけではありません。

捜査の基本原則

捜査は、国家権力である警察権が、市民の生活領域において探索活動をするという特性があります。そのため、個人の権利・利益を制約するなどさまざまな弊害を生じます。したがって、捜査の目的に必要かつ相当な範囲内で、捜査を行わなければなければなりません。これを捜査比例の原則といいます。刑訴法 197 条 1 項は、捜査について、「目的を達するため必要な取調をすることができる」と規定しています。これは、捜査比例の原則の趣旨を含むものと解されています。

捜査には、任意捜査と強制捜査という 2 つの類型があります。強制捜査は後述する強制処分を用いて行う捜査のこと、任意捜査は強制処分を用いずに行う捜査のことをいいます。

強制捜査は個人の重要な権利・利益の制約を伴います。捜査比例の原則からすると、強制捜査はよほどの必要性がない限り控えるべきといえます。そのため、捜査機関は、なるべく任意捜査によるべきと解されています。これを任意捜査の原則といいます。

任意捜査と強制捜査の区別

強制捜査と任意捜査の定義からすると、区別の基準は強制処分を用いたか否かです。では、強制処分とは何でしょうか。

刑訴法 197 条 1 項但書には「強制の処分」という文言があります。これは、強制処分のことを指すと解されていますが、その他に強制処分について明記している規定はありません。その

第2章 公訴提起前の手続

ため、強制処分については解釈に委ねられています。

　強制処分と聞くと、物理的な有形力の行使が想像できると思います。たとえば、被疑者を警察署で取り調べるために、手足を手錠をはめて連れていく行為は強制処分といえるでしょう。しかし、路上を歩いている被疑者に質問するため、「ちょっと止まってくれ」と呼びかけながら肩に手をかける行為はどうでしょうか。有形力は行使されていますが、肩に手をかける程度では強制処分というのは難しそうです。

　また、物理的な有形力が行使されていなくても強制処分といえそうな場合もあります。たとえば、自宅の部屋の中で好きな映画を楽しんでいたところを、警察官が隣接する高層ビルから特殊な望遠レンズによって、部屋の中の行動を撮影していたとしましょう。このような行為は住人のプライバシーを侵害するものであり、強制処分といえそうです。宅配中の荷物について、荷送人・荷受人どちらにも承諾なく、外部からエックス線を照射して内容物の射影を観察する行為も、プライバシーなどを侵害するもので、強制処分にあたると考えられます。

　このように、物理的な有形力の行使というのは、強制処分の判断基準としては不十分です。

　そこで、最高裁は、強制処分とは「有形力の行使を伴う手段を意味するものではなく、個人の意思を制圧し、身体、住居、財産等に制約を加えて強制的に捜査目的を実現する行為など、特別の根拠規定がなければ許容することが相当でない手段を意味する」という基準を示しました。

　学説においても、最高裁の基準は、おおむね妥当と理解されています。簡潔にいうと、強制処分とは、本人の意思に反して重要な権利利益を制約する処分だと考えることができます。

41

5 強制処分法定主義と令状主義

強制捜査の種類と意味

刑訴法197条1項但書は、「この法律に特別の定めのある場合でなければ強制処分（強制捜査）をすることができない」と規定しています。これを強制処分法定主義といいます。

強制処分法定主義とは、強制処分は法律の根拠規定がない限り行うことができないという意味です。前の項目で見たように、強制処分とは、本人の意思に反する重要な権利利益の制約を内容とする処分です。このような処分を許容するか否かは、国民自身が判断しなければなりません。日本は代表民主制であるため、国民の代表である国会によって、どのような種類の強制処分をどのような手続で許容するのかを判断すべきというのが、憲法31条の適正手続の要請です。刑訴法197条1項但書は、このような趣旨の規定と解されています。

刑訴法に法定されている強制処分として、逮捕、勾留、捜索、差押えなどがあります。

令状主義とは

令状主義とは、逮捕や捜索などの強制処分について、一定の場合を除き、司法官憲の発する令状によらなければならないとするものです。憲法33条・35条が規定しています。

令状主義は、捜査機関による強制処分が、正当な理由に基づくことを保障するものです。裁判官は、令状を発付する際に、犯罪事実が存在するか、その犯罪と処分の対象となる人や物件との間に一定の関連性が認められるかを審査します。

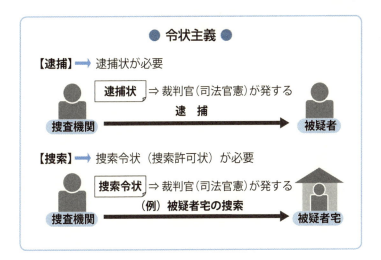

強制処分法定主義と令状主義の関係

　強制処分法定主義は、強制処分の正当性の担保を立法に求めます。そして、令状主義は、強制処分の正当性の担保を司法に求めます。

　つまり、ある強制処分について、それを行使する権限を捜査機関に認めてよいか、まず国会において審議します。これは権利の制約対象となる国民自身が、国会を通じて、強制処分の行使権限を捜査機関に付与することを許容するものです。これにより、捜査機関による強制処分の行使権限を正当化します。

　そして、許容された強制処分を具体的に行使する場面において、公正・中立な裁判官により、個々の強制処分の正当性について審査させます。このように、強制処分法定主義と令状主義は、強制処分を二重に規制して、慎重な運用を図るという関係にあります。

6 捜査の端緒

捜査の端緒とは

捜査の端緒とは、捜査を開始するきっかけのことで、犯罪があると考えるときに捜査を開始します。捜査の端緒となるのは、告訴、告発、自首、検視の他、職務質問や報道などさまざまです。

告訴・告発はどう違う

告訴とは、被害者や一定の関係者（告訴権者）が、捜査機関に犯罪事実を告げて、犯人の処罰を求める意思表示をいいます。検察官が起訴をするのに告訴を必要とする犯罪が親告罪です。告発とは、犯人や告訴権者以外の者が、捜査機関に犯罪事実を告げて処罰を求める意思表示をいいます。

告訴や告発の手続や効果はほぼ同じです。一方、告訴と告発の違いは、告発は代理によることができず（告訴は代理が可能）、期間制限がありません（親告罪の告訴は期間制限があります）。

告訴権者とは

告訴権者は被害者とその法定代理人の他、一定の場合は被害者の親族なども告訴権者に加わります。たとえば、Aが暴行を受けたとき、Aは告訴が可能です。Aが未成年者であれば、その親権者（父母）が独立して告訴が可能です。

自首とは

自首は、犯罪事実や犯人が発覚する前に、犯人自身が捜査機関に犯罪事実を申告し、処分を委ねる意思表示のことをいいま

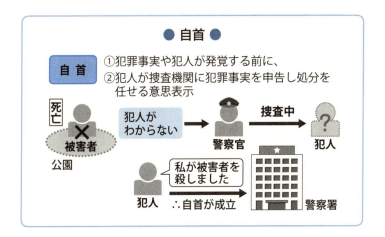

す。自首をすると刑罰が軽くなる場合があります。

　たとえば、公園で殺人事件が起こりましたが、警察官は誰が犯人かわからず、捜査中でした。そのとき、Aが、自分が犯人であると警察署に出頭するのは自首にあたります。しかし、殺人事件が発覚し、その犯人であるとの疑いのある者がAであると特定されている状況で、Aが、自分が犯人であると警察署に出頭するのは自首にあたりません。

検視とは

　検視とは、変死者や変死の疑いのある死体がある場合、それが犯罪によって生じたものか否かを判断するため、死体の状況を見分する（検査する）処分のことをいいます。

　検視は、五官の作用により死体の状況を見分する方法で行います。たとえば、死体を目視で確認したり、触診するなどの方法を用います。それだけでなく、写真撮影や所持品の調査などを行うこともできます。

7 職務質問

職務質問とは

職務質問は、警察官職務執行法（警職法）2条1項に規定されています。警職法2条1項によると、警察官は、異常な挙動その他周囲の事情から合理的に判断して、不審に思われる者を停止させて質問することができます。そして、不審事由にあたる者とは、①何らかの犯罪を犯した者、②犯罪を犯そうとしていると疑うに足りる相当な理由のある者、③すでに行われた犯罪について知っていると認められる者、④犯罪が行われようとしていることについて知っていると認められる者をいいます。

職務質問は、犯罪の予防・鎮圧を目的とする行政警察活動です。職務質問は、将来の犯罪を防止すること、そして、すでに行われた犯罪の嫌疑を確認し、被害拡大を防止する上で効果的であることから、警察官の権限として認められています。

どの程度まで許されるのか

職務質問における質問は、どのような態様で行わなければならないのでしょうか。

警職法2条3項が「その意に反して」「答弁を強要されることはない」と規定していることから、強制処分にあたる態様の質問（たとえば捜索にあたるような質問）はできず、職務質問は任意処分と解されています。最高裁も、職務質問を任意手段であるとしています。そして、警職法1条2項は、警察官の権限行使について「目的のため必要な最小の限度において用いられるべき」と規定しています。つまり、職務質問などの警察官

46

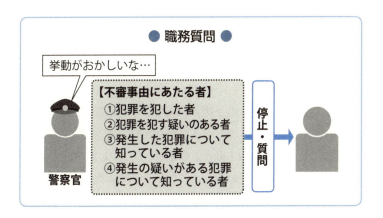

の権限行使は、個人の権利・利益を制約する可能性があることから、必要で相当な範囲で行われなければならないということです。これを比例原則といいますが、捜査比例の原則と同じものです。そのため、職務質問の態様は、犯罪の予防・鎮圧という目的のため、必要で相当なものでなければなりません。

また、警職法2条1項によれば、職務質問のために、不審事由にあたる者を停止させることができます。この停止行為として、有形力を用いることは認められるのでしょうか。「停止させて」の文言からすると、ある程度の有形力の行使が想定されていると考えることができます。仮に、一切の有形力の行使が認められず、口頭での説得や呼びかけしか許されないとすると、犯罪の予防・鎮圧という目的達成が困難になります。そのため、職務質問のため停止させる行為において、一定の有形力を用いることは認められると解されます。そこで、どの程度の有形力の行使が停止行為として許されるかが問題となります。

警職法2条3項は、「身柄を拘束されることはない」と規定しています。この規定は、不審事由にあたる者を停止させる際

に、強制処分にあたる有形力の行使を禁止する趣旨であると解されています。

　職務質問が任意処分であり、停止させる行為は職務質問のためになされるものです。そのため、停止させる際に用いられる有形力の行使も、犯罪の予防・鎮圧という目的達成に必要で相当な範囲で許容されるでしょう。たとえば、駐在所で職務質問中に逃げ出した男を約130m追いかけ、「どうして逃げるのか」と言いながら、引き止めるために腕に手をかけたという行為について、最高裁は職務質問の停止行為として適法としています。

所持品検査について

　職務質問に関しては、これに付随して所持品検査ができるかどうかが問題となります。警察官が「ポケットには何が入っていますか」「カバンの中を見せてください」などと言うのは、職務質問そのものであり、必要かつ相当な範囲で認められるでしょう。問題となるのは、相手の同意なく、警察官がポケットやカバンを手で触って調べたり、内部から物を取り出す行為です。このような所持品検査は認められるのでしょうか。

　行政活動は法律に基づき、法律に従って行わなければなりません。これを法律の留保といいます。行政警察活動も行政活動のひとつですので、法律の留保が妥当します。法律の留保の内容については、個人の権利を制限したり、個人に義務を課す行為に対して、法律の根拠が必要となると考えられています。

　そうすると、所持品検査は個人のプライバシーを制限する行為であるため、法律の留保によれば、根拠規定がない以上、所持品検査が認められないようにも思われます。しかし、最高裁は、所持品検査が職務質問と密接に関連し、職務質問の効果を

あげる上で必要性や有効性の認められる行為であるとして、所持品検査は職務質問に付随して行うことができる、つまり警職法2条1項が根拠規定になると解しています。

では、所持品検査が認められるとして、どの程度の行為が許容されるのでしょうか。

最高裁は、所持品検査は、相手の承諾を得て行うのが原則としています。しかし、相手の承諾がなくても、捜索に至らない程度の行為は、強制にわたらない限り許容される場合があるとしています。これは、職務質問が任意処分であることから、職務質問に付随して行う所持品検査も任意処分であると位置づけて、強制処分にあたらないのであれば、所持品検査を適法に行うことができる場合があることを述べていると考えられます。

その上で、所持品検査は「必要性、緊急性、これによって害される個人の法益と保護されるべき公共の利益との権衡などを考慮し、具体的状況の下で相当と認められる限度においてのみ、許容される」として、所持品検査が許容されるための判断基準を示しています。所持品検査についても、職務質問と同様、比例原則によって許容性を判断することにしたといえます。つまり、所持品検査は、犯罪の予防・鎮圧という目的達成に必要で相当な範囲で許容するという趣旨と解されます。

最高裁は、具体的な事例について、相手の承諾なく、バッグの施錠されていないチャックを開き、内部をちらりと見た行為は、職務質問に付随する所持品検査として適法と判断しています。しかし、相手の承諾なく、上衣左内ポケットに手を差し入れて所持品を取り出した上で検査した行為は、プライバシー侵害の高い行為であって、捜索に類するものであるため、所持品検査の許容限度を逸脱して違法と判断しています。

49

8 警察や裁判所から呼出しを受けたときの対応

警察から呼出しを受けた場合

　普通の生活を送っていて、警察から呼出しを受けたら、驚くでしょう。慌てて警察署に行くかもしれません。

　しかし、警察から呼出しを受けたとしても、呼出しに従わなければならないわけではありません。なぜなら、警察から呼出しを受けたとしても、その呼出しに応じなければならない法律上の義務は生じていないからです。

　警察から呼出しを受ける場合としてまず考えられるのは、被疑者として呼出しを受けた場合でしょう。つまり、呼出しを受けた者が、ある特定の犯罪を行った者であると疑われていることが考えられます。このとき、警察は、被疑者に対して、警察署への出頭を求めることができます。これを任意出頭といいます。任意出頭はあくまで任意であるため、被疑者は出頭を拒むことができます。さらに、出頭しても、いつでも退去することができます。

　また、任意出頭に類似するものとして、後述する任意同行があります。これは被疑者の自宅などに警察官が赴いて、警察署への出頭を求めるものです。任意同行を求めているときは、警察がすでに逮捕状をもっているケースも多いといわれています。

　次に、警察から呼出しを受ける場合として考えられるのは、参考人として呼出しを受けた場合でしょう。参考人とは、被疑者以外の者すべてを指します。警察は、参考人についても任意出頭を求めることができます。この場合も、あくまで任意であるため、参考人は出頭を拒むことができます。また、出頭して

50

第2章 ■ 公訴提起前の手続

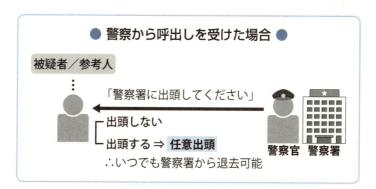

も、いつでも退去することができます。

参考人にあたるのは、被害者や目撃者などです。ただし、犯罪に関係していると疑われる者を参考人として呼び出したものの、警察官が事情聴取をする中で重要参考人となり、さらに被疑者となるケースもあります。

警察から呼出しを受けたときは、弁護士に相談することが多いと思われます。特に被疑者については、刑訴法30条1項で弁護人選任権が保障されています。もちろん参考人も弁護士を選任できますが、参考人が選任する弁護士は「弁護人ではない」という違いがあります。

裁判所から呼出しを受けた場合

裁判所から呼出しを受ける場合として、参考人に対する第1回公判期日前の証人尋問があります。これは、被疑者以外の者のうち犯罪の捜査に欠かせない知識を持っている者が、任意の出頭や供述を拒否した場合に行います。この場合の裁判所からの呼出しを、参考人は断ることができません。また、この証人尋問は検察官が請求できるもので、警察官は請求できません。

9 取調べ

取調べとは

取調べとは、捜査機関が対象者から供述を直接得ようとする捜査方法のことをいいます。取調べは、捜査において重要な機能を持っています。まず、被疑者に対して取調べを行った場合、自白が得られるかもしれません。自白は「証拠の女王」といわれ、犯罪事実の証明にとって大切です。自白が得られなかったとしても、証拠発見や犯人特定のための重要なきっかけとなることがあります。また、取調べは、警察官や検察官が被疑者と直接対話する場面であることから、起訴するか否かの判断に重要な意味をもつこともあります。事件当時の犯人の心情を知ることができ、犯人に反省を促すこともできます。

しかし、取調べは、このような重要な機能を有するからこそ、危険もあります。たとえば、対象者を犯人に仕立て上げるため、虚偽の自白の強要が行われかねません。そこで、どのようにして取調べの適正を確保するかが問題とされています。

被疑者に対する取調べ

捜査機関は、捜査をするについて必要がある場合、被疑者を取り調べることができます（刑訴法198条1項）。

取調べに際しては、あらかじめ、黙秘権が告知されなければなりません。憲法38条1項には、「自己に不利益な供述は強要されない」と規定されています。これを自己負罪拒否特権といいます。しかし、刑訴法198条2項には、「自己の意思に反して供述をする必要がない」と規定されています。つまり、刑訴

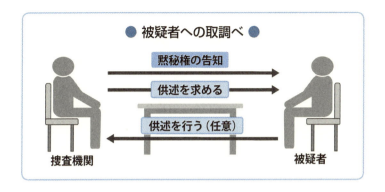

　法198条2項は、自己負罪事項（自分に不利益となること）だけでなく、いかなる事項についても供述を拒否できることが保障されています。この点をもって、刑訴法198条2項の黙秘権のことを包括的黙秘権ともいいます。

被疑者以外の取調べ

　被疑者以外の者を参考人といい、犯罪の捜査をするについて必要がある場合は、参考人を取り調べることができます（刑訴法223条1項）。一般的に参考人取調べといわれています。

　前の項目（⇨ P.50）で見たように、参考人取調べは任意になされます。そのため、出頭を拒むことができます。また、いったん、出頭した場合であっても、希望すればいつでも退出できます。

　刑訴法223条2項は、包括的黙秘権を保障した刑訴法198条2項を準用していません。そのため、参考人には包括的黙秘権は及ばず、黙秘権の告知は必要ないとするのが捜査実務の考え方です。しかし、学説の中には、参考人であっても包括的黙秘権が認められ、捜査機関は、事前に黙秘権を告知することが望ましいとする考え方もあります。

取調受忍義務とは

　身柄を拘束されているか否かにかかわらず、捜査機関は、被疑者に対して取調べをすることができます（刑訴法198条1項）。しかし、刑訴法198条1項但書は、「被疑者は、逮捕又は勾留されている場合を除いては、出頭を拒み、又は出頭後、何時でも退去することができる」と規定しています。この規定を反対解釈すると、身柄を拘束されている被疑者は、取調室への出頭拒否や自由な退出ができないと読めます。これを取調受忍義務といいます。捜査実務は取調受忍義務を肯定しています。

　取調受忍義務を認めると、たとえば、取調べにおいて黙秘権を行使して一切の供述を拒否した場合、供述するまで取調室に滞在させられる可能性があります。そうすると、退去したい一心で、やむを得ず供述するかもしれません。これでは、実質的に黙秘権が保障されていないことになるため、取調受忍義務を否定する学説もあります。

取調べに応じる義務はあるのか

　身柄拘束中の被疑者の取調受忍義務を肯定しても、強制されるのは取調室への出頭と滞在だけで、黙秘権は保障されています。身柄を拘束されていない被疑者（身柄不拘束の被疑者）の場合は、取調受忍義務がないので、取調べは任意に行われます。そのため、身柄拘束の有無に関係なく、捜査官の質問に対して供述する義務はないと考えることができます。

　もっとも、捜査機関は、取調べで供述を得たいがために、さまざまな方法・態様での取調べを試みることが考えられます。そこで、特に任意の取調べに限界がないかが問題となります。

　最高裁は、身柄不拘束の被疑者に対する取調べは、強制手段

によることができないと解しています。身柄不拘束の被疑者に対する取調べは、あくまで任意処分（任意捜査）であるため、実質的に見て逮捕になるような強制手段は用いることができないでしょう。

　そして、任意の取調べは「事案の性質、被疑者に対する容疑の程度、被疑者の態度等諸般の事情を考慮して、社会通念上相当と認められる方法ないし態様及び限度において、許容される」という判断基準を示しました。その上で、被疑者を4日連続ホテルに宿泊させ、連日長時間行った取調べについて、任意処分として限界を越えたものとはいえないと判断しています。

　一方、身柄拘束中の被疑者への取調べの限界が問題となるものとして、余罪取調べの問題があります。余罪取調べとは、被疑事実を本罪として、本罪以外の犯罪事実（余罪）についての取調べのことをいいます。身柄の拘束は、本罪を理由になされているのであって、身柄拘束中に余罪取調べをすることは、実質的に余罪について身柄を拘束しているとも思われることから、余罪取調べに一定の制約を及ぼすべきかが問題となります。

　これは、取調受忍義務とも関わる複雑な問題です。考え方のポイントは、取調受忍義務を肯定するか否か、本罪と余罪を区別するかです。まず、本罪と余罪を区別しない考え方として、取調受忍義務を肯定し、本罪・余罪どちらも取調受忍義務を肯定する取調べができるとする捜査実務の見解があります。もうひとつ、取調受忍義務を否定し、本罪・余罪どちらも任意取調べであればできるとする見解があります。一方、本罪と余罪を区別する考え方として、身柄拘束中の取調べは、その理由となった本罪に限られ、余罪取調べは本罪と関連する限りで許容されるとする見解もあります。

10 取調べの可視化

取調べの可視化とは

　取調べの可視化とは、取調べの状況を捜査機関以外の外部の者から明らかにするための制度のことをいいます。なぜ、取調べの可視化が問題となるのかというと、一般的に、取調べが密室で行われることが多いからです。

　たとえば、公判手続において、取調べで得られた被告人の自白が証拠として提出されたとします。これに対して、弁護人が「この自白は、任意にしたものでない」と意見を述べると、自白の任意性が問題となります。検察官は任意にしたものだと主張し、弁護人はそうでないと主張します。この場合、取調べが密室で行われており、他に任意性の証明方法がないことから、水掛け論になってしまいます。しかし、取調べが録画されていると、その映像を見れば、任意か否かが判断できそうです。

　また、密室での取調べについては、暴力によって自白を強要したり、不起訴にすることの約束や虚偽の約束を利用して自白を誘導するなど、違法な取調べがなされるおそれがあります。この点も、取調べを録画したり、弁護人が立ち会うことにより、違法な取調べを防止することができるでしょう。

　しかし、捜査実務からは、取調べの可視化に対して強い抵抗がありました。まず、取調べを録画すると、取調べの対象者が委縮し、自由な供述ができなくなり、真実発見が阻害されるとの意見がありました。また、取調べには被疑者の反省を促すなど、更生の場としての機能もありました。ただ、取調べの録画や弁護人の立ち合いを認めると、このような取調べができなく

なるとの主張もありました。

取調べの全過程の録画などの義務化

2016年の刑事訴訟法改正により、刑訴法301条の2が追加されました。この規定は、身柄拘束中の被疑者に対する取調べの録音・録画を義務づけるものです。取調べの可視化に向けて大きく前進したといえるでしょう。

ただし、取調べの録音・録画の対象となるのは、裁判員裁判対象事件などの一定の重大事件に限られています。特に裁判員裁判において、自白の任意性を判断しやすくすることを念頭においているからです。また、身柄不拘束の被疑者や参考人に対する取調べは、録音・録画の義務づけの対象となっていません。

取調べの録音・録画記録（DVDなどに記録されます）の証拠調べを請求するのは、検察官が被告人の供述調書の証拠調べを請求した際に、弁護人・被告人がその供述調書の任意性に疑いがあるとの異議を述べた場合です。録音・録画記録によって、供述調書の任意性の有無を判断します。

11 任意捜査の種類

任意同行とは

　任意同行とは、任意の取調べのため、捜査機関が被疑者の自宅などに赴き、警察署などへ被疑者と同行する捜査のことです。任意同行は任意出頭のひとつであることから、任意出頭について規定する刑訴法198条1項を根拠として認められています。

　任意同行はあくまで任意捜査（任意処分）として行わなければなりません。そのため、実質的に逮捕と同視できる任意同行（たとえば承諾がないのに警察署に連行する行為）は違法です。

　また、任意同行の方法や態様も、捜査目的を達成するため、必要かつ相当な範囲でなければなりません。

　任意同行については、警職法2条2項にも規定があります。これは、職務質問のために行われる任意同行、つまり行政警察活動としての任意同行であって、刑訴法198条1項による捜査のための任意同行とは異なります。しかし、警職法2条2項による任意同行についても、強制手段を用いることは許されません。

実況見分とは

　実況見分とは、場所・物・身体などの状態を五官の作用により認識する処分のことで、任意になされるものをいいます。たとえば、交通事故の現場で、所有者の承諾を得て、車の中を調査する行為があります。

　実況見分を明示的に規定した条文はありません。しかし、任意処分のひとつであるため、刑訴法197条1項を根拠として認められると解されています。

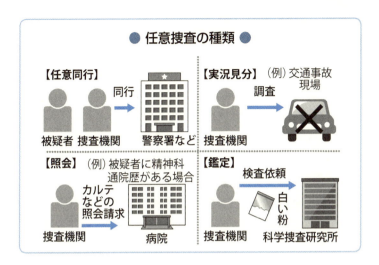

照会とは

　照会とは、公務所や公的団体・私的団体に問い合わせて、必要な事項の報告を求める処分のことをいいます。照会に関する刑事訴訟法の規定は、照会を行うことのできる者を明確にしていませんが、捜査機関のすべてができると解されています。

鑑定の嘱託とは

　鑑定とは、専門的な知識・技術を有する者が、その知識・技術に属する事実・法則を報告することや、知識・技術を適用して得られた判断を報告することをいいます。たとえば、犯行現場に白い粉の入った瓶が落ちていたとします。この白い粉が何であるのか調べるために、科学捜査研究所に検査を依頼することがあります。これが鑑定の嘱託です。

　なお、一般民間人が捜査機関から鑑定の嘱託を受けても、引き受ける法的義務はありません。

12 通常逮捕

逮捕とは

逮捕とは、被疑者の身柄を比較的短時間拘束する強制処分のことをいいます。逮捕の種類には、通常逮捕、現行犯逮捕、緊急逮捕があります。通常逮捕が原則であり、現行犯逮捕・緊急逮捕が例外であると考えられています。

捜査は、起訴（公訴の提起）をするかどうかの判断や、起訴後の公判活動の準備のために行います。被疑者に逃げられ、所在が不明になると、公判活動の準備どころか、起訴すらできなくなります。また、被疑者による罪証（犯罪の証拠）の隠滅を許してしまうと、起訴の是非の判断ができなくなり、起訴後の公判活動が困難になります。そこで、被疑者の逃亡や罪証隠滅を防止するために、逮捕が認められています。

もっとも、逮捕は人の移動・行動の自由を制約します。そのため、刑事訴訟法には厳格な手続が定められています。

通常逮捕とは

憲法33条は、逮捕をするには、原則として「権限を有する司法官憲が発し、且つ理由となつている犯罪を明示する令状」が必要であると規定しています。そして、刑訴法199条1項は、捜査機関は、「裁判官のあらかじめ発する逮捕状により」逮捕ができると規定しています。これを通常逮捕といいます。

通常逮捕について逮捕状を必要とする理由は、正当な理由に基づく逮捕を保障するためです。つまり、中立・公平な第三者である裁判官（司法官憲）が逮捕の理由や必要性を審査するこ

60

第2章 ■ 公訴提起前の手続

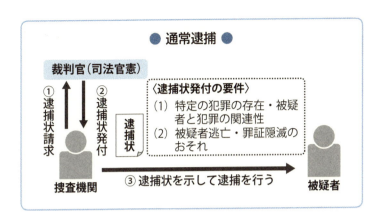

とにより、逮捕が正当な理由に基づいて行われることを保障することができます。

　被疑者を通常逮捕をするためには、まず、裁判官に逮捕状を請求しなければなりません。逮捕状の請求は検察官か司法警察員（巡査部長以上の警察官など）でなければできません。そのため、検察事務官と司法巡査は逮捕状の請求ができません。

　逮捕状発付の要件として、①逮捕の理由と②逮捕の必要性が要求されます。①逮捕の理由とは、特定の犯罪の存在と、その犯罪と被疑者（逮捕される者）に関連性があることです。②逮捕の必要性とは、逃亡や罪証隠滅のおそれがあり、被疑者の身柄を拘束する必要があることです。逮捕後に被疑者は取調べを受けることが多いといえますが、取調べの必要があるだけでは、逮捕の必要の要件を充たさないので、逮捕状は発付されません。

　検察官、検察事務官、司法警察職員は、逮捕状により、被疑者を逮捕することができます（刑訴法199条1項）。逮捕する際には、逮捕状を被疑者に示さなければなりません。

61

13 現行犯逮捕・緊急逮捕

現行犯逮捕とは

現行犯逮捕とは、逮捕状なくして、被疑者を逮捕する強制処分のことをいいます。

憲法33条は、通常逮捕の例外として、「現行犯として逮捕される場合」と規定しています。つまり、現行犯人を逮捕する場合は、逮捕状という令状がなくても逮捕ができます。この規定を受けて、刑訴法213条は、「現行犯人は、何人でも、逮捕状なくして逮捕ができる」と規定しています。また、刑訴法212条1項は、現行犯人を「現に罪を行い、又は現に罪を行い終わった者」と規定しています。では、なぜ現行犯逮捕のときに令状主義の例外が認められるのでしょうか。

前の項目で見たように、逮捕において逮捕状を要求する趣旨は、正当な理由に基づく逮捕を保障するためでした。正当な理由とは、逮捕の理由と必要性のことをいいました。

逮捕の理由とは、特定の犯罪の存在と犯罪と犯人の関連性でした。現行犯の場合、逮捕者が犯行自体を現認している（現場で見ている）ため、特定の犯罪の存在と犯罪と犯人（被疑者）の関連性は明白です。そのため、逮捕の理由について、裁判官に正当性を審査してもらう必要はありません。

逮捕の必要性は、逃亡や罪証隠滅のおそれでした。現行犯の場合、犯人は犯行を逮捕者に現認されているのですから、一般的に逃亡や罪証隠滅のおそれは認められるでしょう。したがって、逮捕の必要性についても、裁判官に正当性を審査してもらう必要はありません。

62

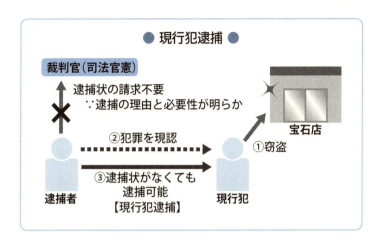

　以上のような趣旨から、現行犯逮捕は令状主義の例外として認められます。現行犯逮捕は「何人でも」できるため、私人でもできます。もっとも、私人が現行犯逮捕をしたときは、直ちに捜査機関に引き渡さなければなりません。

緊急逮捕とは

　緊急逮捕とは、事前に逮捕状なく逮捕し、事後に逮捕状を請求する強制処分のことをいいます。

　緊急逮捕は、重大な犯罪をしたと疑うに足りる十分な理由がある場合で、急速を要し、逮捕状を求めることができないときに、理由を告げて逮捕することが許されています（刑訴法210条1項）。憲法33条は、現行犯逮捕のみを令状主義の例外として規定しています。にもかかわらず、緊急逮捕を認めることは憲法33条に反し、違憲ではないかが問題になりますが、最高裁は、刑訴法210条のような厳格な要件の下、緊急逮捕を認めることは、合憲であると判断しています。

14 逮捕後の措置

身体を拘束された被疑者の扱い

逮捕後の取扱いは、通常逮捕・現行犯逮捕・緊急逮捕すべてに共通しますが、逮捕の主体により多少異なります。

司法巡査が逮捕した場合は、直ちに司法警察員に引致しなければなりません。引致とは、一定の場所まで強制的に連行することをいいます。

司法警察員は、自ら逮捕した場合や、司法巡査から被疑者を受け取った場合、直ちに犯罪事実の要旨や弁護人選任権について告知しなければなりません。これは、憲法34条の「直ちに弁護人に依頼する権利を与えられなければ、抑留されない」との規定を受けたものです。また、このとき、国選弁護人請求権のことについても知らせなければなりません。

次に、被疑者に弁解の機会を与えなければなりません。このとき、被疑者の弁解は弁解録取書に記載されます。

その後、留置の必要があると考えたときは、逮捕の時から48時間以内に検察官に送致する手続をとらなければなりません。逮捕の時に日時を確認するのは、時間遵守のため重要な意味があります。留置の必要がないか、48時間以内に留置の手続をとらなかった場合は、直ちに被疑者を釈放しなければなりません。

被疑者を受け取った検察官は、まず弁解の機会を与えなければなりません。そして、留置の必要があると考えられるときは、被疑者を受け取った時から24時間以内、かつ逮捕の時から72時間以内に、裁判官に勾留請求をしなければなりません。留置

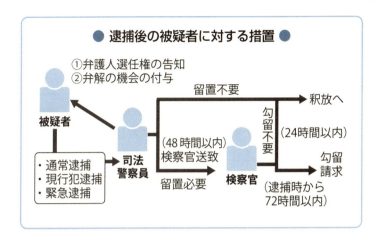

の必要がないか、時間制限内に勾留請求をしない場合は、直ちに被疑者を釈放しなければなりません。

検察官が逮捕した場合にはどうなる

　検察事務官が被疑者を逮捕したときは、検察官のもとに連行しなければなりません。

　検察官が自ら逮捕した場合や、検察事務官から被疑者を受け取った場合、直ちに犯罪事実の要旨や弁護人選任権について告知しなければなりません。このとき、国選弁護人請求権のことについても知らせなければなりません。

　次に、被疑者に弁解の機会を与えなければなりません。被疑者の弁解は弁解録取書に記載されます。

　そして、留置の必要があると考えられるときには、身体拘束の時から48時間以内に裁判官に勾留請求をしなければなりません。留置の必要がないか、48時間以内に勾留請求をしない場合、直ちに被疑者を釈放しなければなりません。

15 勾　　留

勾留とは

　勾留とは、被疑者や被告人の身柄を継続的に拘束する強制処分のことをいい、憲法34条の「拘禁」にあたります。勾留の目的は、逮捕と同様、逃亡や罪証隠滅の防止にあるため、取調べのみを目的とした勾留請求は許されません。勾留には、被疑者勾留（起訴前の勾留）と被告人勾留（起訴後の勾留）があります。

勾留手続について

　被疑者勾留は、検察官の請求に基づき、裁判官が行います。これに対し、被告人勾留は、受訴裁判所（被告人の審理を担当する裁判所）が職権により行います。裁判官や受訴裁判所が発する勾留状がなければ、勾留を行うことはできません。勾留手続は基本的に共通するので、被疑者勾留を前提に説明します。

　裁判官は、被疑者に対して被疑事件を告げて、これに関する陳述を聴かなければなりません。これを勾留質問といいます。勾留質問は裁判所内の勾留質問室で行われるのが通常です。

　被疑者の陳述を聞いた裁判官は、後述する勾留の要件を充たしているかを審査します。そして、要件を充たしていると判断した場合、勾留状を発します。この勾留状を、検察官の指揮に基づき、検察事務官、司法警察職員などが執行します。

被疑者勾留の要件

　勾留状は、勾留の理由や必要がない場合、時間制限（身柄受領時から24時間以内かつ逮捕時から72時間以内）を遵守でき

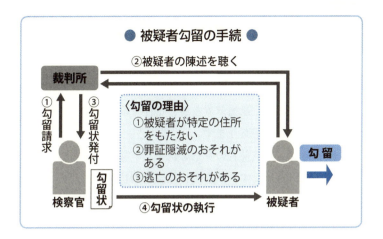

ていない場合は、発付することができません。

　勾留の理由とは、まず、被疑者が罪を犯したことを疑うに足りる相当な理由があることです。加えて、①被疑者が定まった住所を有しない、②被疑者に罪証隠滅のおそれがある、③被疑者に逃亡のおそれがある、のいずれかにあたる（①〜③のうち1つでも該当すればよい）ことです。また、勾留をするのが相当なときに勾留の必要が認められます。

　なお、勾留がなされた後、被疑者や被告人などは、勾留理由開示請求を行うことができます。

被告人勾留について

　被告人勾留（起訴後の勾留）の要件や手続は、被疑者勾留と基本的には変わりませんが、異なる点もあります。被告人勾留は、受訴裁判所が職権で行い、保釈（保証金の納付などを条件に身柄拘束を解くこと）が認められます。被疑者勾留には保釈が認められません。

16 逮捕・勾留に関する原則

どんな原則があるのか

逮捕・勾留には、逮捕前置主義、事件単位の原則、逮捕・勾留の一回性の原則があります。

逮捕・勾留は、被疑者の身柄を拘束し、移動・行動の自由を制約する強制処分です。そこで、被疑者の権利制約が大きくなりすぎないように、これらの原則があります。

逮捕前置主義

逮捕前置主義とは、勾留（被疑者勾留）は逮捕が先行していなければならないとする原則です。

身柄拘束当初は、嫌疑や身柄拘束の必要性が変動します。このときに、長期間の身柄拘束を許すと、不必要に長期の身柄拘束がなされるおそれがあります。そのため、まずは、比較的短期間の逮捕という身柄拘束を許容します。その間に、捜査を継続させ、必要があれば、次に長期間の身柄拘束をさせます。

このようにして、不当に長期にわたる身柄拘束を避け、被疑者の利益を保障するために、逮捕前置主義が認められます。なお、被告人勾留については逮捕前置主義が適用されません。

事件単位の原則

事件単位の原則とは、逮捕・勾留の効力が、令状に被疑事実であると明示された犯罪にのみ及ぶことをいいます。刑事訴訟法が被疑事実を令状（逮捕状・勾留状）に明示しなければならないと規定していることは、事件単位の原則の表れといえます。

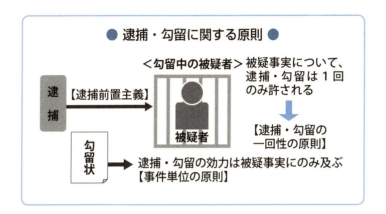

逮捕・勾留の一回性の原則

　逮捕・勾留の一回性の原則とは、同一の被疑事実について、逮捕・勾留を1回に限ることをいいます。これは、重複逮捕・重複勾留禁止の原則と、再逮捕・再勾留禁止の原則を含みます。再逮捕や再勾留を容易に認めてしまうと、逮捕・勾留に関して、期間制限を置いた意味がなくなってしまうからです。

　重複逮捕・重複勾留禁止の原則とは、実体法上の一罪について、分割して逮捕・勾留することを禁止する原則です。たとえば、住居侵入罪（刑法130条）と窃盗罪（刑法235条）は、牽連犯（複数の犯罪が手段と結果の関係にあること）として一罪の関係にあります（刑法54条1項）。これを別個に逮捕・勾留することを禁止するものです。

　再逮捕・再勾留の禁止は、いったん逮捕・勾留が終了した被疑者について、同一の被疑事実で再度逮捕・勾留することを禁止する原則です。

　これらの原則は、身柄拘束の不当な蒸返しや不当な長期化を防止するために認められています。

17 別件逮捕・勾留

どんな場合に別件逮捕・勾留がなされるのか

　たとえば、Aについて、窃盗罪と殺人罪の嫌疑があったとします。このときに、Aを、まず窃盗罪で逮捕・勾留し、その身柄拘束中に、殺人罪について捜査を行うことがあります。これを別件逮捕・勾留といいます。別件逮捕・勾留の場合、捜査機関は、殺人罪の捜査を主な目的としているため、殺人罪を本件、窃盗罪を別件といいます。

　前述の例でいうと、本件でAを逮捕・勾留したいのですが、本件について証拠がほとんど見つかっておらず、このままでは逮捕・勾留できないという場合に、逮捕・勾留の要件を充たしている軽微な別件で逮捕・勾留して、その身柄拘束中に、本件について捜査することが行われています。しかし、このような捜査がなされると、刑訴法が厳格に規定した身柄拘束の時間制限の規定がないがしろにされてしまいます。

　また、本件について、逮捕・勾留の要件が備わっていても、いったん別件で逮捕・勾留し、その身柄拘束中に本件について捜査することも行われています。これも、刑訴法の定める時間制限を無意味にするものです。

　このように別件逮捕・勾留には大きな問題があります。しかし、令状を発付する裁判官は、逮捕・勾留の理由と必要を審査できるだけで、令状請求書に書かれていない捜査機関の意図までは審査できません。そのため、別件逮捕・勾留は、その要件を充たす限り適法とする考え方があります（別件基準説といいます）。これに対して、別件逮捕・勾留が、実質的に本件につ

第2章 公訴提起前の手続

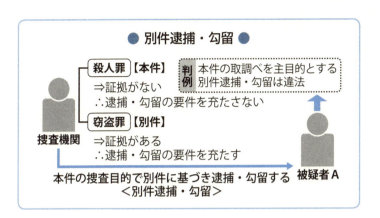

いて捜査する目的であれば、その逮捕・勾留は違法とする考え方もあります（本件基準説といいます）。

また、別件基準説を採りつつも、別件での身柄拘束中は別件の捜査がなされるべきとする考え方があります。この考え方は、ほとんどの時間を本件の捜査に費やしていれば、別件による逮捕・勾留の実体が失われ、本件の逮捕・勾留とみなすべきなので、後に本件の逮捕・勾留請求があっても、重複逮捕・重複勾留禁止の原則違反で却下すべきとします。

判例はどのように考えているのか

最高裁は、別件基準説を採りつつ、別件逮捕・勾留が違法になる場合の判断基準を示しています。つまり、いまだに証拠がそろっていない「本件」について取り調べることが主な目的で、証拠のそろっている「別件」の逮捕・勾留に名を借りて、その身柄拘束を利用した別件逮捕・勾留を違法とします。この場合は、実質的に「本件」について逮捕・勾留して取り調べるのと同様の効果を得ることをねらいとしているためです。

18 捜索・差押え・検証

物的証拠に対する強制処分

　捜査機関は、物や場所などを調べて被疑者や証拠物を発見することを目的に、捜査を行います。そして、必要な証拠物を発見した場合には、その証拠物（物的証拠）の占有を、強制的に所有者や占有者から捜査機関に移すことが認められています。これを物的証拠に対する強制処分といいます。物的証拠に対する強制処分には、捜索・差押え・検証があります。

捜索と差押えとは

　捜索とは、被疑者や証拠物の発見を目的に、人の身体・物・場所（住居など）を対象として行う強制処分をいいます。そして、証拠物や没収しておくべき物を発見した場合に、その物の占有を強制的に取得する必要があります。そこで、物の占有を強制的に捜査機関が取得する強制処分が差押えです。

　差押えは、その性質上、有体物（物理的な形をもつ物体）を対象として行います。そのため、コンピュータに保存されているデータは、データ自体ではなく、その記録媒体（ハードディスクなど）が差押えの対象となります。なお、コンピュータのデータについては、そのコンピュータから複写した記録媒体や印刷した書類の差押えも可能です（記録命令付差押え）。

　また、強制的に物の占有を捜査機関が取得するのが差押えであるのに対して、物の所有者や占有者から捜査機関が任意に占有を取得することを領置といいます。差押えと領置を合わせて、広く捜査機関が物の占有を取得する処分を押収といいます。

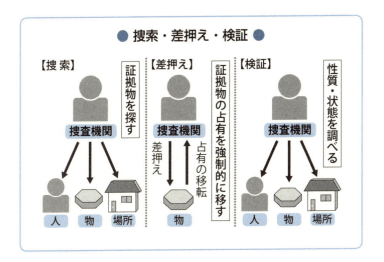

差し押さえられないものは検証する

　捜索や差押えに対して、捜査機関が五官（視覚・聴覚・嗅覚・味覚・触覚）を用いて、人・物・場所を対象に、その者の状態や性質を調べる捜査を行うことがあります。これを検証といいます。検証は、差し押さえられないものを対象に行われる処分だということができます。たとえば、殺人事件の捜査において、捜査機関が殺害場所を捜査します。このとき、事件現場にある個別の有体物に対しては、差押えをすることが可能です。しかし、事件現場全体という空間を差し押さえることはできませんので、殺害現場を証拠物として保全する必要がある場合に、検証が認められます。

　なお、検証は裁判所の令状（検証令状）に基づく強制処分ですが、これと似ているとされる実況見分は令状が不要な任意処分です。たとえば、交通事故現場で行われる記録作業などが挙げられます。

19 捜索・差押えと特定

捜索・差押えをすべき場所と物の特定

　捜索・差押え・検証は、物に対する強制処分ですので、原則として令状に基づかなければ行うことができません。令状に記載する事項は、被疑者の氏名、罪名、差押えの対象となる物、捜索や検証の対象となる場所・人・物、令状の有効期間などです。特に捜索する場所や差し押さえる物（押収する物）は、憲法35条によって令状に明示することが要求されています。

　しかし、捜索の場所や差し押さえる物について、どの程度具体的な記載が必要であるかは、憲法や刑事訴訟法で明確に規定されていません。そこで、特に差押えの対象になる物について、具体的な物を列挙する他、「本件に関する物件一切」というような記載をすることが許されるのかが問題となります。

　最高裁は、具体的な物が例示的に列挙されており、その付加事項として「一切の物件」と記載されていても、令状に記載された罪名に関係があり、列挙事項に準じるような物件を指すことが明らかであるから、令状で差し押さえる物を明示しているとして差し支えないと判断しています。これに対して、1通の捜索令状を用いて、複数の場所を本件と「関連する場所」として捜索することは許されません。

令状の記載の特定

　令状を用いて行う捜索において、捜索令状に記載されている場所に備え付けられている物を捜索することは許されます。最高裁は、捜索の場所にいる人やその人の所持品などについても、

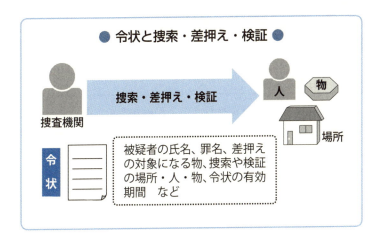

同一の捜索令状を用いて捜索することを許容しています。

ただし、1通の令状に基づいて差押えができるのは、被疑事実との関連性をもつ物に限定されます。たとえば、被疑事実との関連性がない「文書」に対しては、たとえ令状に差し押さえる物として「文書」が記載されており、その「文書」が令状記載の場所にあるとしても、差押えを行うことは許されません。

令状によらない捜索・差押え

憲法や刑事訴訟法は、例外的に令状によらない捜索・差押えを認めています。つまり、被疑者を逮捕する場合に行う捜索・差押えには、令状が不要です。逮捕の場面で被疑事実に関連する物について差押えを行うことで、証拠の保全を効果的に行うことができるからです。

もっとも、逮捕の場面で許される捜索・差押えの対象は無限定ではありません。逮捕事実に関連するものでなければ、捜索・差押えを行うことはできません。

20 科学的捜査

科学的捜査とは

　捜査機関は科学的捜査を行うことがあります。古くから存在する捜査方法としては、指紋や血液型があります。また、科学技術の進歩とともに、新たな科学的捜査が生まれ、捜査手法として用いられるようになっています。

　しかし、科学的捜査にも問題がないわけではありません。まず、用いられる捜査方法の精度（正確性）が不明確であることが挙げられます。また、用いられる捜査手法の態様によっては、被疑者の権利利益を侵害するおそれがあります。

強制採尿について

　強制採尿とは、尿道にカテーテルを挿入することで、強制的に身体から尿を採集することが可能な捜査方法です。被疑者が任意の尿提出を拒否しているにもかかわらず、強制的な採尿を可能とする捜査方法であるため、強制採尿の法的性質が議論されています。つまり、強制採尿は、被疑者の身体を強制的に検査する検証と考えるべきか、体内にある尿を証拠物とする捜索・差押えと考えるのかという問題です。

　最高裁は、身体内の尿を証拠物とする捜索・差押えであるとして、捜索差押令状が必要だという立場をとり、その一方で検証の一種である身体検査との類似性に触れ、医師による相当な方法により行われる必要があると判断しています。また、最高裁は、捜索差押令状の効力として、強制採尿を行うのに適した場所に、被疑者を連行することも可能であるという立場をとっています。

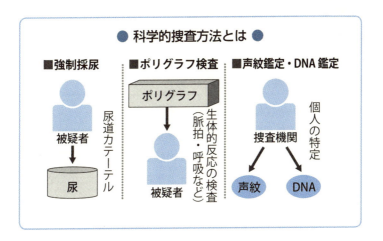

ポリグラフ検査とは

ポリグラフ検査とは、脈拍や呼吸などの生理的反応を利用して、心理的反応を検査する方法をいいます。一般に「うそ発見器」と呼ばれるような捜査手法です。心理的動揺を測定する捜査ですので、供述を拒否できる権利(黙秘権)を侵害するのではないかという問題があります。裁判例は黙秘権を侵害する検査とはいえないとしつつも、被疑者の同意を要求しています。

声紋鑑定・DNA鑑定とは

声紋鑑定とは、個人の声の周波数を紋様化(画像化)して、個人を識別するために行われる捜査方法をいいます。また、DNA鑑定とは、DNAの塩基配列を用いて、個人の同一性を識別する捜査方法をいいます。いずれの捜査方法も精度が高まり、有力な捜査方法と認識されていますが、個人の識別にあたり万能ではなく、正確な結果を得るためには、科学的に信頼された方法によって行われる必要があります。

21 通信傍受

通信傍受が許される場合もある

　捜査機関が令状に基づいて行う検証の一種として、古くから通話内容の傍受（盗聴）を行う捜査方法である通信傍受の是非が議論されてきました。特に覚せい剤事犯において通話内容を傍受すると、覚せい剤の販売ルートを把握することができるため、通信傍受は有効な手法と考えられてきました。

　しかし、通信傍受は、憲法が保障する通信の秘密を脅かすとともに、個人の通話内容を秘密裏に聴くことを許容する捜査手法ですので、特にプライバシーへの配慮が必要になるという問題点が指摘されています。以前から最高裁は、令状に基づく強制処分として、他の方法で犯罪に関する証拠を収集することが困難である場合には、検証の一種として通信傍受が許されるとの立場をとっていました。

　現在では、通信傍受法を根拠として、後述する一定の組織的犯罪を対象に、裁判官の発する令状（捜索差押令状や検証令状とは異なる傍受令状）に基づき、詳細な手続に従って電話やメールなどのやりとりを傍受する捜査が認められています。

　通信傍受については、捜索・差押えなどと異なり、将来発生が見込まれる犯罪の証拠を収集する目的で行うという特徴があります。そのため、対象となる犯罪の実行に関する事項を内容とする通信である疑いがあることや、他の方法では被疑者の特定や犯罪の状況を把握するのが著しく困難であることなどが、通信傍受の要件として定められています（補充性の要件といいます）。また、傍受にあたって立会人が立ち会うことなど、手

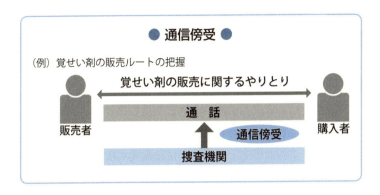

続についても厳格な規制が置かれているという特徴があります。

通信傍受の合理化・効率化が図られた

　通信傍受法に基づく通信傍受は、もともと薬物事犯などの組織的犯罪が念頭に置かれていました。しかし、2016年施行の通信傍受法改正によって、対象犯罪の数が増加しています。

　具体的には、かつてから対象になっている薬物、銃器、集団密航、組織的殺人に加えて、殺人、傷害、現住建造物等放火、逮捕監禁・逮捕監禁致死傷、略取・誘拐、窃盗・強盗・強盗致死傷、詐欺・恐喝、爆発物取締罰則違反、児童買春・ポルノ禁止法違反が対象犯罪に加えられました。いずれについても組織性が疑われること（数人の共謀の疑いがあること）が必要です。

　また、通信傍受の合理化・効率化をめざした規定も置かれました。具体的には、暗号化された情報処理技術を用いて、対象となる通話などについて録音を行った後に、その内容が対象犯罪に関連するかどうかを確認するため、一定間隔ごとに試し聴きを繰り返すこと（スポット傍受といいます）が可能になっています。

22 黙秘権

黙秘権とは

黙秘権とは、取調べにおいて供述を拒むことができる権利をいいます。証言拒絶権とも呼ばれています。黙秘権は被疑者や被告人の基本的な権利として、非常に重要な権利だといえます。

黙秘権の根拠は、憲法に求めることができます。憲法38条1項は「何人も、自己に不利益な供述を強要されない」と規定していることから、被疑者・被告人の他、訴訟における証人についても、黙秘権は認められます。

また、刑事訴訟法は「自己が刑事訴追を受け、又は有罪判決を受ける虞」のある証言を拒絶することができると規定しています。このことから、黙秘権として保障されるのは、自己が訴追を受けるおそれがある事項に限定される（自己負罪拒否権）ように思われます。

しかし、刑事訴訟法は、被疑者に関して「自己の意思に反して供述をする必要がない」と規定しています。また、被告人に関して、公判手続で「終始沈黙」し、質問に対して「供述を拒むことができる」と規定しています。そこで、不利益な事項に限らず、あらゆる事項に関して、黙秘権の保障が及ぶと考えることも可能です。

もっとも最高裁の立場は、黙秘権の保障範囲は、自己が訴追を受けるおそれがある事項に限定しているといわれています。たとえば、公判手続で被告人が、氏名の供述を拒むことができるのかという点について、氏名は「自己に不利益な供述」にあたらないとの判断を示しています。

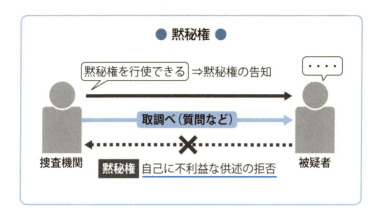

被疑者の黙秘権

　黙秘権は、特に被告人に認められた権利として重要ですが、被疑者にも保障されています。被疑者の取調べに際して、捜査機関は「自己の意思に反して供述をする必要がない」ことを告知しなければならないからです。これは黙秘権の告知がなされたものと理解できますので、被疑者にも黙秘権が保障されているということができます。自己に不利益な事実に関しては、被疑者は供述を拒むことができるということです。

　もっとも、被疑者の黙秘権をめぐっては、取調受忍義務をめぐる問題があります。刑事訴訟法は、逮捕・勾留されている場合を除いて、被疑者が「出頭を拒み、又は出頭後、何時でも退去することができる」と規定しています。この点から、身柄拘束中の被疑者（逮捕・勾留されている被疑者）に限っては、取調受忍義務があると考えるのが捜査実務です。しかし、取調べ受忍義務が肯定されても、黙秘権の保障が不要になるわけではなく、被疑者は取調べの中で、自己に不利益な事実に関する供述を強制されるわけではありません。

23 接見交通権

接見交通権とは

接見交通権とは、身体を拘束されている被疑者・被告人が、外部の者と面会する権利をいいます。接見交通権は、被疑者にとって非常に重要な権利だということができます。身体を拘束されている勾留中の被疑者にとって、外部の者と接する機会が与えられることは、大きな精神的な助けになるからです。

また、特に弁護人との接見が保障されることで、法律知識に必ずしも明るくない被疑者にとって、自己に必要な法的アドバイスを受ける機会は、非常に重要だといえます。さらに、接見交通権は弁護人にとっても重要で、被疑者からさまざまな情報を聴取して、弁護方針を立てる貴重な機会が得られます。

どんなことを規定しているのか

刑事訴訟法は、身柄の拘束を受けている被疑者について、弁護人（弁護人になろうとしている者を含む）と接見し、書類や物の授受をすることができると規定しています。これは、被疑者と弁護人との間の接見交通権を保障したものです。

そして、弁護人との接見や、弁護人との間の書類・物の授受は、立会人なくして行うことができる点が重要です。つまり、弁護人は警察官などの立会いを排除して、被疑者と接見などができるのです。

また、弁護人以外の者（たとえば被疑者の家族）との接見などは禁止できる場合があるのに対して、弁護人との接見などを禁止することはできません。

第2章 ■ 公訴提起前の手続

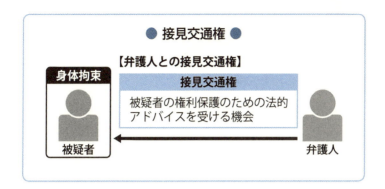

接見交通権の制約

　まず弁護人との接見交通権について、刑事訴訟法は、捜査機関が捜査のために必要があると認めるときは、接見や物の授受に関して、被疑者の防御権を不当に制限しない範囲で、日時・場所・時間の指定ができる（接見指定）と規定しています。

　これに対して、弁護人以外の者との接見については、裁判官が接見等禁止決定をする場合があります。具体的には、被疑者に逃亡や罪証隠滅のおそれがある場合に、家族などとの接見や書類・物の授受を禁止することがあります。

接見指定の問題点

　刑事訴訟法は、弁護人との接見について、接見指定が行われるのは「公訴の提起前」（起訴前）に限ると規定しています。

　しかし、最高裁の立場は、公訴の提起後であっても、余罪について逮捕・勾留されている場合は、その余罪について接見指定が認められるとするものです。

　このように、被疑者の権利を守るための接見交通権と、捜査の必要性とが対立する場面は少なくありません。

83

24 不当な処分を積極的に争う 被疑者の権利

勾留理由開示請求権

　被疑者の基本的な権利は、黙秘権と接見交通権です。しかし、刑事訴訟法上、被疑者の権利・利益を守るため、被疑者側が主体的に不当な処分に対して争う制度が用意されています。

　まず、勾留理由開示請求権を挙げることができます。憲法34条は、「正当な理由がなければ、拘禁されず、要求があれば、その理由は、直ちに本人及びその弁護人の出席する公開の法廷で示されなければならない」と規定しています。そこで、勾留について、この憲法上の要請を具体化した権利が、勾留理由開示請求権だということができます。

　勾留中の被疑者は、裁判官に対して勾留理由を開示するよう求めることができます（被告人も請求可能です）。被疑者本人の他、被疑者の「弁護人、法定代理人、保佐人、配偶者、直系の親族、兄弟姉妹」なども開示請求を行うことができます。

　開示請求が行われると、裁判官は公開の法廷で、勾留理由を開示しなければなりません。この際、被疑者とその弁護人が出席しなければ、開廷することができません。また、開示請求日から開示されるまでの間は、5日以上の間隔を置くことができないのが原則です。

準抗告による不服申立て

　被疑者の勾留に先立って、検察官は、裁判官に対して勾留請求を行います。そして、勾留請求を受けた裁判官は、検察官からの勾留請求を認めるか、それとも勾留請求を退けて釈放を命

第2章 ■ 公訴提起前の手続

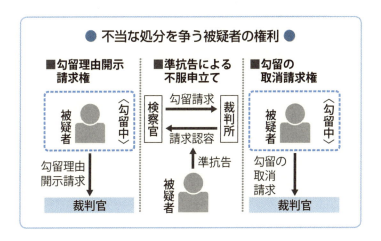

じるかの判断を行います。勾留請求が認められると勾留状が発付され、被疑者は勾留されます。そこで、被疑者・弁護人は、勾留請求を認めた裁判所の判断に対して、不服を申し立てる制度が用意されています。それが、準抗告と呼ばれる制度です。つまり被疑者・弁護人は、原則として勾留請求を認める判断をした裁判官の所属する裁判所に対して、その判断の取消しを求めることができます。

勾留の取消請求権

さらに、勾留の必要性がなくなったと思われる場合には、裁判官に対して勾留の取消しを求めることができます。勾留の取消請求は、勾留理由開示請求権の請求権者の他、検察官も請求することができます。勾留理由開示請求権と異なり、単なる理由を開示することが目的なのではなく、不当な身体拘束からの解放を求める制度であるため、請求権者などにおいて違いがあります。裁判官が請求を認めると、勾留が取り消されます。

85

Column

留置場や拘置所、刑務所の違い

　一口に身体を拘束されるといった場合でも、その目的や刑事手続の段階に応じて、収容される施設や収容の態様が異なります。用語の違いを正確に把握する必要があります。

　刑事手続において、身体を拘束する施設としては、刑事施設と留置施設の区別が重要です。そして、刑事施設には拘置所と刑務所の区別があり、留置施設にあたるのが留置場です。

　刑事手続の順に見ていくと、たとえば逮捕された被疑者が逃亡や罪証を隠滅するおそれがある場合に収容される施設は、留置場です。留置場は警察が管轄する施設で、逮捕・勾留されている者が収容されることになります。

　これに対して、拘置所とは、起訴された被告人、つまりいまだに判決が確定していない者について、留置場の場合と同様に、逃亡や罪証隠滅のおそれがある場合に、収容される施設をいいます。拘置所を管轄するのは法務省であり、留置場では認められていない読書や文書を書くなどの行為が認められています。もっとも、実際には拘置所の場所が確保できずに、管轄が異なるはずの留置場に拘置される場合があります。これを代用刑事施設（代用監獄）といいます。このように、留置場と拘置所とでは、収容される人の刑事手続における立場の違いがあることを認識しておく必要があります。

　そして、被告人の有罪判決（執行猶予なし）が確定して、刑罰が自由刑（懲役刑や禁錮刑）である場合に収容される施設が、刑務所です。特に懲役刑を受けた人は、刑務所において、矯正や社会復帰を目的に、印刷や工作などの一定の作業（刑務作業）に従事することになります。

第3章

公訴提起

1 公訴提起

公訴提起とは

　捜査が終了すると、検察官は、その事件をどのように処理するかを決めなければなりません。裁判をするほどの事件ではないと判断したり、捜査で十分な証拠が集められなかった場合には、裁判に持ち込むのを見送ることになるでしょう。しかし、裁判に値する犯罪だと判断し、その証拠が固まって裁判を進めていけるという見通しが立つと、検察官は公訴を提起することになります。

　公訴提起（起訴）とは、検察官が裁判所に対して、たとえば「Aは殺人の罪を犯したので、裁判で確認して処罰してください」と求めることをいいます。公訴提起は捜査と裁判（公判）をつなげる役目をもつ手続といえます。

検察官だけが公訴権を独占する

　では、公訴提起は誰が行うのでしょうか。イギリスやドイツなど諸外国の中には、被害者などの一般市民が弁護士を雇って訴追をする制度（私人訴追制度といいます）を採用している国もあります。しかし日本では、検察官が公訴を提起する権限（公訴権）をもっています。検察官は国家機関のひとつですので、国家が訴追する制度を採用しているのです。また、国家機関の中でも検察官だけが公訴権をもっています。これを起訴独占主義といいます。日本では、一般市民である被害者が加害者を訴追したいと望んでも、自ら訴追することはできないしくみになっているのです。

88

第3章 ■ 公訴提起

● 公訴提起の手続 ●

公訴提起は、検察官が起訴状という書面を裁判所に提出して行う

AがBを殴ってケガをさせた（公訴事実）

起訴状の記載事項

①被告人を特定する事項
　氏名(A)・年齢・職業・住所
②公訴事実
③罪名
　傷害罪、刑法204条

公訴提起の手続

　公訴提起は、検察官が起訴状という書面を裁判所に提出して行います。口頭による公訴提起はできず、必ず書面で行うことになっています。起訴状の提出先は、公訴を提起した検察官が所属する検察庁に対応する裁判所です。この裁判所で起訴状を受理する手続が行われたときに、公訴提起の効果が生じます。

　裁判所は検察官から起訴状を受け取ると、被告人に起訴状の謄本（原本のすべてを複写した書面）を送達しなければなりません。被告人に対して、公訴提起の事実を知らせるとともに、公判において自らの権利を防御する機会を保障するためです。公訴提起の日から2か月以内に、起訴状の謄本が被告人に届かなかったときは、さかのぼって公訴提起の効力が失われます。

　起訴状には、被告人を特定するに足りる事項、公訴事実、罪名の3点を記載しなければなりません。被告人を特定する事項として、氏名や年齢、職業、住所や本籍などを記載しますが、被告人が氏名などを黙秘している場合には、人相や体格などを記載したり、「大阪拘置所○番」などと拘置所番号を記載します。

2 公訴提起の効果

公訴提起の効果

　検察官が裁判所に公訴を提起すると、事件はその裁判所で訴訟中ということになります。これを訴訟係属といいます。訴訟係属すると、裁判所はその事件について審理する権利をもつと同時に、審理しなければならない義務も負うことになります。これに伴い、これまで被疑者と呼ばれていたのが被告人という名称に変わります。また、同じ事件について二重に起訴することが禁止される（二重起訴の禁止）など、いくつかの効果が生じますが、特に重要なのは、公訴時効が停止することです。

公訴時効の停止とは

　公訴時効とは、犯罪発生後に犯人が逃げ回るなどして一定の期間が過ぎてしまうと、公訴提起ができなくなる制度です。公訴時効は「犯罪行為が終わった時」から進行しますが、公訴時効の期間は、刑の軽重に応じて、1年から30年までの計10種類に分かれています。たとえば、強制性交等致死罪は無期か6年以上の懲役にあたる罪ですので、犯罪行為が終わった時から30年が経過すると公訴時効が完成し、公訴提起ができなくなります。

　公訴の提起は、公訴時効の期間の進行を停止させる効果を発生させます（公訴時効の停止）。ただし、公訴提起が不適法で却下された場合には、その時点から残りの期間が進行することになり、期間が経過すると公訴時効が完成します。

　公訴時効の制度が設けられている理由としては、時間の経過

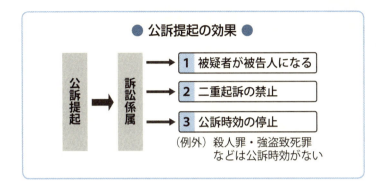

によって、犯罪の社会的影響や一般の処罰感情などが減少することや、有罪の証拠も無罪の証拠も散逸して真実の発見が困難になることなどが挙げられています。

しかし、時間が経過しても、犯罪被害者やその遺族の怒りや悲しみが薄れることはないでしょう。また、DNA鑑定などの科学技術の進歩により、時間を経ても劣化しない証拠が手に入るようになりました。

そこで、2010年の刑事訴訟法改正により、殺人罪や強盗致死罪など、人を死亡させた罪であって、死刑にあたるものについては、公訴時効が廃止されました。したがって、これに該当する罪については、公訴時効の停止ということもありません。

刑の時効との違い

刑事手続に関する時効には、公訴時効の他に、刑の時効というものがあります。刑の時効とは、裁判で刑の言渡しを受けた後、その刑が執行されないまま一定の期間が経過すると、その執行が免除される制度です（死刑は除きます）。公訴提起ができなくなる公訴時効とは異なる制度である点に注意が必要です。

3 起訴便宜主義

起訴便宜主義とは

どの場合に起訴（公訴提起）をするのかについては、2つの制度があります。まず、訴訟条件（裁判所が有罪か無罪の裁判をするのに備えるべき条件）と犯罪の嫌疑とが備わっていれば、必ず起訴しなければならないとする制度を起訴法定主義といいます。ドイツなどは基本的にこの法制度を採用しています。

これに対し、日本では、訴訟条件が備わっており、十分な嫌疑があっても、検察官の裁量により起訴猶予にすることを認めています。つまり、起訴するかしないかを検察官の裁量に委ねているのです。このような制度を起訴便宜主義といいます。

なお、起訴猶予とは、不起訴処分の理由のひとつであって、嫌疑が十分であっても起訴しないとするものです。

起訴猶予の際に考慮する事項

起訴便宜主義では、起訴するかしないかを決めるにあたって、犯罪の個別事情をいろいろ考慮します。起訴に関する判断は、検察官の重要な意思決定のひとつです。具体的には、犯人に関する事項としては、性格や年齢、経歴や家庭状況、前科前歴の有無、生活環境や交友関係、監督保護者の有無などを考慮します。また、犯罪自体に関する事項としては、犯罪の動機や手口、被害の程度、社会に与えた影響などを考慮します。そして、犯罪後の情況については、反省の有無や示談の成否、被害を弁償しているのか、被害者の処罰感情はどうなのかなどを考慮します。

第3章 ■ 公訴提起

● 起訴法定主義と起訴便宜主義 ●

訴訟条件と
犯罪の嫌疑
が備わった
場合

必ず起訴する → **起訴法定主義（ドイツなど）**

検察官の裁量
により起訴猶
予にすること
ができる

→ **起訴便宜主義（日本）**

長所 実質的に公平な結果
　　　をもたらす
短所 裁量権濫用の危険性

▌起訴便宜主義の長所と短所

　起訴便宜主義の下では、犯罪の個別事情を考慮して起訴か不起訴かを決めるため、実質的に公平な結果をもたらすことができます。また、たとえばお店でパンを1つ万引きしても窃盗には違いありませんが、軽微な事件に刑罰を科すことが、犯罪者の更生にとって必ずしも妥当とは限りません。むしろ起訴猶予にして前科者のレッテルを貼らずに更生の機会を与える方が、はるかによい結果となる場合が少なくありません。被害者としても、被害の弁償を受けたことで、これ以上の処罰を望まない場合もあるかもしれません。さらに、検察庁や裁判所が重大事件の捜査や公判に集中できるようにするためにも、軽微な事件は起訴猶予にして負担を軽減した方がよいとも考えられます。以上が起訴便宜主義の長所です。

　しかし、起訴便宜主義には短所もあります。起訴便宜主義は検察官の裁量がとても大きいので、これが濫用されると社会の秩序を混乱させることになりかねません。検察官は、起訴便宜主義を適切に運用しなければならない、という重要な責務を負っているといえます。

4 不当な不起訴処分に対する抑制

不当な不起訴処分をどう防止するか

　検察官は、起訴するかしないかを自分の裁量で判断することができますが、起訴しないと決めることは、その事件について裁判所の審判を受ける機会がなくなることを意味します。

　政治的な配慮から重大な事件を不起訴処分にする可能性もないとはいえません。また、警察や検察の内部における犯行の場合には、身内をかばったり不祥事が明るみに出るのを嫌い、起訴しないで済ませようと画策しても不思議ではありません。その結果、重大な犯罪者が処罰を免れてしまいます。そこで、このような不当な不起訴処分に対する抑制手段として、以下の3つの制度が用意されています。

告訴人・告発人への不起訴処分の通知制度

　検察官は、告訴人や告発人に対して、どのような処分を行ったのか（起訴したのか、不起訴処分にしたのか）を通知しなければなりません。特に不起訴処分の場合は、告訴人や告発人から請求があれば、その理由を告げる必要があります。不起訴処分の理由を告げる場合は、「罪とならず」「嫌疑不十分」「起訴猶予」などの短い内容になりますが、これらは検察審査会への審査申立てや付審判請求をする際の参考となります。

検察審査会制度

　検察審査会によるチェックもできます。一般国民から抽選で選ばれた11名の検察審査員で構成される検察審査会が、利害

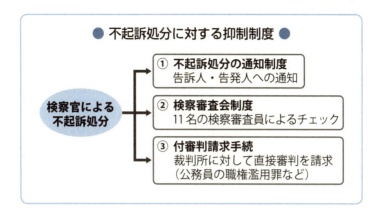

関係人の申立てや職権で、検察が不起訴処分にした結果について審査します。そして、起訴が相当であるとの議決をしたにもかかわらず、検察官が再び不起訴処分をした場合には、検察審査会が再審査を行い、やはり起訴が相当と認めれば、起訴議決をします。起訴議決がなされると、裁判所が検察官の職務を行う弁護士を指定し、この指定弁護士が公訴を提起します（強制起訴）。これは起訴独占主義の例外です。

付審判請求手続

付審判請求手続とは、公務員の職権濫用罪などについて、告訴や告発をしたにもかかわらず検察が不起訴処分とした場合に、裁判所に対して直接、審判の請求ができるものです。警察官や検察官の職権濫用などについては、身内だからという理由で公訴を提起しない可能性があるため、このような制度が置かれているのです。裁判所が審理すべき事件であると判断して付審判の決定をすると、公訴の提起があったことになり、弁護士が検察官の代わりを務めて公判が始まります。

5 公訴権濫用論

なぜこのような考えがあるのか

　起訴や不起訴を決定するのは検察官の裁量なのですが、場合によっては不当だと思われるような起訴や不起訴が行われる可能性がないとはいえません。その場合に備えて、不当な不起訴処分に対しては3つの抑制手段が用意されています。これは前項で述べたとおりです。

　しかし、不当な起訴処分をチェックする制度は、現在の法制度では用意されていません。そこで弁護実務を行う中で生成されてきたのが、公訴権濫用論といわれるものです。公訴権濫用論とは、検察官が公訴権を濫用したような場合には、公訴提起を無効として訴訟手続を打ち切るべきとする主張です。

公訴権濫用論の類型

　公訴権の濫用と考えられるものとして、嫌疑なき起訴、起訴猶予相当の起訴、違法捜査に基づく起訴という3つの類型があげられています。

　嫌疑なき起訴とは、嫌疑が不十分で、有罪になる見込みがないにもかかわらず、起訴した場合をいいます。

　起訴猶予相当の起訴とは、たとえば軽微な犯罪であって、本来ならば起訴猶予が相当だと思われるにもかかわらず、起訴した場合をいいます。

　違法捜査に基づく起訴とは、たとえば違法なおとり捜査に基づいて起訴をする場合や、共犯者の間で不平等な取扱いをして起訴した場合などを指します。

96

第3章 公訴提起

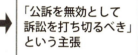

● 公訴権濫用論とは ●

「検察官が公訴権を濫用したような場合」

・嫌疑なき起訴
・起訴猶予相当の起訴
・違法捜査に基づく起訴

→「公訴を無効として訴訟を打ち切るべき」という主張

どんな場面で問題になるのか

　公訴権濫用論は、裁判で弁護側から主張されても、これまでのところ認められたケースはほとんどありません。下級審（最高裁判所以外の裁判所）で認定されたケースがいくつかあるにすぎません。その中で、公訴権濫用論の適用により公訴提起が無効になる可能性を認めた最高裁の判例があります。

　水俣病の被害者補償交渉において、被害者側の交渉担当者が、加害企業とされる会社の従業員ともみあいになって、数名に打撲傷などのケガを負わせたため、傷害罪で起訴された事案です。第一審では有罪になりましたが、第二審では「訴追裁量を逸脱している」という判断がなされて、訴訟手続が打ち切られました。最高裁は、たとえば公訴を提起すること自体が職務犯罪となるような極限的な場合には、公訴提起が無効になるという判断を示して、本事案では公訴提起は無効でないとしつつも、第二審の判断を覆しませんでした（有罪とはなりませんでした）。きわめて限定的ですが、公訴権の濫用によって公訴提起が無効となる場合があることを、最高裁が認めた意義は大きいといわれています。

6 起訴状一本主義

予断排除の原則と起訴状一本主義

　公訴提起（起訴）は、検察官が起訴状を裁判所に提出して行いますが、このときに、裁判官に予断を生じさせるおそれのある書類その他の物（証拠）は一切添えることができず、その内容を引用することもできません。起訴状という一枚の書面だけを裁判所に提出します。これを起訴状一本主義といいます。その趣旨は、裁判が始まる前に、裁判所が偏見や予断をもつことを避けるためです。つまり、起訴状一本主義は、刑事訴訟法の下での予断排除の原則の中核をなすものだといえるでしょう。

　戦前の旧刑事訴訟法では、公訴提起のときに、起訴状とともに捜査で得られたすべての証拠を裁判所に提出していました。検察官から裁判官へと嫌疑が引き継がれることを前提としていたのです。裁判所はこれらの証拠を確認してから公判手続を進めていたので、被告人にとっては圧倒的に不利な制度でした。

　裁判官が公判手続の前に証拠を見て、たとえば被告人に同種の前科があることを知れば、今回の窃盗事件も被告人が有罪なのではないかと予断を抱く可能性が大きいでしょう。また、被告人が暴力団員であることを知れば、今回の傷害事件は被告人が犯人ではないかと予断を抱くかもしれません。これでは、公平な裁判を実現することはできません。

　そこで、現行法は予断排除の原則の下で起訴状一本主義を採用し、起訴状に記載するのは、被告人を特定できる事項と公訴事実と罪名だけとすることで、検察官から裁判官へ嫌疑が引き継がれるのを切断したのです。

第3章 ■ 公訴提起

● 予断排除の原則の意義 ●

起訴状一本主義 …〈予断排除の原則の中核をなすもの〉
起訴状には、裁判官に予断をもたせる証拠や資料などを
一切添付できない

▼

[**意義**] 検察官から裁判官へ嫌疑が引き継がれることを切断

▼

[**違反した場合**] 起訴状は無効 ➡ 公訴棄却の判決

▌前科、前歴、文書内容の引用

　起訴状に記載することが許されるのか、問題になるものがいくつかあります。最高裁は、詐欺罪の公訴事実について、同種の詐欺の前科を記載することは、原則として裁判官に予断を生じさせるおそれがある事項だと判断しています。一方で、傷害事件の公訴事実において、被告人が暴力団に所属していた経歴を記載したものについては、起訴状一本主義に反しないと判断した裁判例があります。

　また、脅迫罪や名誉毀損罪の起訴状に、脅迫文書や名誉毀損文書の内容を引用したとしても、引用の程度が訴因を明示するのに必要な限度内であれば起訴状一本主義に違反しないというのが最高裁の立場です。

▌起訴状一本主義に違反した場合

　起訴状一本主義に違反すると、起訴状は無効となり、公訴棄却の判決が宣告されます。いったん裁判官が予断をもってしまうと、後になってそれを排除するのは不可能だからです。

99

7 訴 因

訴因とは何か

訴因とは、検察官が提出した起訴状に記載されている、犯罪の具体的事実をいいます。

公訴提起（起訴）は、検察官が裁判所に対して起訴状という書面を提出して行い、その起訴状には、被告人を特定するに足りる事項、公訴事実、罪名の3点のみを記載することは、公訴提起の項（⇨ P.88）で述べたとおりです。

このうち公訴事実は「訴因を明示」して記載しなければならず、「訴因を明示」するためには、できる限り、日時や場所や方法をもって、罪となるべき事実を特定して、これを行わなければなりません。では、「訴因を明示」するためには、どのような内容を記載しなければならないのでしょうか。

これに関しては、六何の原則に基づいて、①誰が（犯罪の主体）、②いつ（犯罪の日時）、③どこで（犯罪の場所）、④何を・誰に対し（犯罪の客体）、⑤どのような方法で（犯罪の方法）、⑥何をしたか（犯罪の結果）を具体的に記載する方法で、訴因の特定を行うべきと考えられています。ただし、①④⑥は当然に罪となるべき事実となるので、必ず記載すべきであるのに対し、②③⑤は犯罪を構成する要素である場合を除き、罪となるべき事実とはならないので、当然には記載が要求されません。

たとえば、「Aは（①）、2018年1月×日午後10時頃（②）、Bのマンションの居室で（③）、殺意をもってBの頸部にB所有のネクタイを巻いて絞めつけ（④⑤）、よって同所において同人を窒息させて、殺害した（⑥）」などと記載します。

100

第3章 ■ 公訴提起

● 訴因の記載事項 ●

●訴因とは犯罪の具体的事実である

　　　　　　➡ 訴因は明示しなければならない

訴因の記載事項	① 誰が……犯罪を行った者
	② いつ……犯罪が行われた日時
	③ どこで……犯罪が行われた場所
	④ 何を・誰に対し……犯罪の客体となる物や人は何か
	⑤ どのような方法で……犯罪の方法（手段）
	⑥ 何をしたのか……犯罪の行為とその結果

なぜ訴因という概念が導入されたのか

　ところで、刑訴法256条3項には「公訴事実」と「訴因」という2つの概念が出てきます。その理由は、刑事訴訟法の沿革を見ていくと理解することができます。

　ドイツ法を見本にして、大正時代に制定した旧刑事訴訟法（旧法）においては、訴因という制度はありませんでした。公訴事実という概念だけがあったのです。起訴状（正確には「公判請求書」といいました）には犯罪事実が記載され、この犯罪事実（公訴事実）が審判の対象として扱われていました。

　一方、訴因という制度は英米法（イギリス法・アメリカ法やその影響を受けた法のこと）の概念です。第二次世界大戦後に日本国憲法が制定されるとともに、現行の刑事訴訟法も制定されましたが、その際にアメリカ法の概念である訴因という制度が取り入れられました。なお、旧法の公訴事実という概念も残しました。そのため、公訴事実と訴因という沿革の違う概念が、現行の刑事訴訟法の中に一緒に出てくることになりました。

101

刑訴法256条3項は、2つの概念の関係性を明確にしていません。一般的に、公訴事実とは、訴因の背後にある犯罪事実であるのに対し、訴因とは、この犯罪事実を検察官が構成要件（刑法が規定する犯罪成立要件のこと）にあてはめて構成した具体的犯罪事実であると理解されています。もっとも、公訴提起の段階では、公訴事実が訴因という形で表示されているだけですので、この段階での公訴事実は訴因とまったく同じものと考えます。

審判の対象は何か

　刑事訴訟における審判の対象は、検察官が提出した起訴状に記載された具体的犯罪事実、つまり訴因だとするのが現在の考え方です。訴訟実務でも同様の運用がなされています。しかし、少し前までは、審判の対象が公訴事実なのか、それとも訴因なのか、ということが大きな議論になっていました。

　旧法は職権主義を採っていましたので、裁判所が真実発見のために主導的な役割を果たしていました。そのため、裁判所は、検察官が起訴状に記載した具体的犯罪事実だけでなく、公訴事実と考えられる範囲内の犯罪事実を審判の対象とすることができました。たとえば、犯罪事実としては窃盗だけが起訴状に記載されていても、審理の結果、窃盗ではなく盗品等無償譲受けだとわかれば、公訴事実の範囲内である限り、そのまま盗品等無償譲受けに関する有罪判決をすることができたのです。

　しかし、現行法は当事者主義を採っています。当事者主義では、裁判所は公平な第三者として、検察官と被告人のいずれの主張が正しいかを判断できるだけです。そこで、審判の対象は検察官が設定することになり、訴因という形で具体的に記載し

102

第3章 ■ 公訴提起

た犯罪事実の有無を裁判所が判断していくことになります。

　したがって、裁判所は、検察官が訴因として記載した犯罪事実以外の事実については審判することが許されません。裁判所が訴因として記載されていない犯罪事実について審判し、判断するためには、訴因変更の手続をとらなければなりません。

　また、公判手続が終了して有罪判決が宣告されると、判決書の理由部分に「罪となるべき事実」を記載しなければなりませんが、ここでも訴因として記載されていない犯罪事実を含めて記すことはできません。

▐ 訴因の機能

　訴因の機能として3つのものが挙げられます。

　第1に、識別機能と呼ばれるものです。訴因として具体的犯罪事実が起訴状に記載されることで、訴因と訴因外の事実とが区別できるようになり、審判の対象が訴因に限定されます。

　第2は、防御機能と呼ばれるものです。訴因が示されることで、被告人は、どの範囲で防御する必要があるのかを知ることができます。そこで、被告人としては、防御活動を訴因に限定して行うことができます。いいかえると、訴因に記載されていないことまで防御する必要はないわけです。

　そして第3に、訴訟条件があるのかないのかを、訴因の記載を基準にして判断することができます。訴訟条件というのは、訴訟手続を有効に成立させ、これを継続させるための条件のことです（訴訟条件については、後ほど詳しく見ていきます）。たとえば、訴因が名誉毀損罪の犯罪事実である場合、これは親告罪（告訴がなければ起訴ができない犯罪）ですから、告訴がなければ訴訟条件を欠き、公訴が棄却されることになります。

103

8 訴因の特定

どの程度特定されていなければならないのか

　訴因は、できる限り、日時・場所・方法によって特定しなければなりません。訴因を詳細に特定していればいるほど、被告人は防御がしやすくなります。しかし、あまりに詳細な記載を求めると、かえって裁判官の予断を生じさせる可能性があります。また、覚せい剤自己使用罪などの密室で行われる犯罪は、その事実を具体的に特定して記載することができない場合もあります。そこで「できる限り」という表現で、幅のある記載を許しています。

判例はどのように判断しているか

　訴因の特定に関する最高裁の判例を見てみましょう。

① 覚せい剤自己使用について

　覚せい剤の使用日時を「昭和54年9月26日頃から同年10月3日までの間」、使用場所を「広島県高田郡吉田町及びその周辺」、その使用量、使用方法を「若干量を自己の身体に注射又は服用して施用し」とする記載は、検察官において起訴当時の証拠に基づき、できる限り特定したものである以上、覚せい剤自己使用罪の訴因の特定として十分である、とした判例があります。

② 傷害致死事件について

　「被告人は、単独又はA及びBと共謀の上、平成9年9月30日午後8時30分ころ、福岡市中央区所在のビジネス旅館A2階7号室において、被害者に対し、その頭部などに手段不明の

● 訴因の特定 ●

訴因は、できる限り、日時、場所、方法をもって、特定する必要がある

特定の程度

判例によると、
- 使用日時や使用場所、使用方法について幅があってもよい（覚せい罪自己使用罪の判例）
- 暴行の態様や傷害の内容、死因などの記載が概括的でもよい（傷害致死罪の判例）

暴行を加え、頭蓋冠、頭蓋底骨折などの傷害を負わせ、よって、そのころ、同所において、頭蓋冠、頭蓋底骨折に基づく外傷性脳障害や何らかの傷害により死亡させた」という記載について、検察官において、起訴当時の証拠に基づき、できる限り日時、場所、方法などをもって罪となるべき事実を特定して訴因を明示したものである、とした判例があります。

①は使用日時や使用場所、使用方法についてかなり幅のある記載になっており、②は暴行の態様や傷害の内容、死因などの記載が概括的なのですが、最高裁は、このような場合でも訴因が特定されていると判断しています。

訴因が不特定の場合はどうする

訴因が不特定の場合は、公訴提起（起訴）が不適法となり、公訴が棄却されます。ただ、いきなり公訴棄却されるわけではありません。裁判所が検察官に釈明を求め、検察官が補正をして特定のレベルに達することができれば、有効な起訴として取り扱うとするのが判例です。

9 訴因変更

訴因変更とは

　公判手続が進行して証拠調べなどをしていくうちに、起訴状に記載された訴因と異なる犯罪事実が判明することがあります。たとえば、AはBの指輪を盗んだとして窃盗罪で起訴されたのですが、証人の証言によって、実はBから盗んだのはXで、AはXから盗品であることを知りつつ、指輪をただで譲り受けた（盗品等無償譲受罪）ということが判明した場合です。検察官としてはどうすればよいのでしょうか。

　この場合に、検察官が公訴を取り下げて、あらためて盗品等無償譲受罪の訴因で公訴提起から手続をやり直すことも考えられます。しかし、この方法は被告人にさらなる負担をかけることになりますし、訴訟経済上も好ましくありません。窃盗罪の訴因を盗品等無償譲受罪の訴因に置き換えて、このまま公判手続を進めることができれば、それに越したことはありません。

　そこで、一定の範囲で最初の訴因を変更して、同じ公判手続の中で処理できるようにしました（刑訴法 312 条）。これが訴因変更という制度です。

　訴因変更については、まず、訴因変更をしなければならない場合かどうか（訴因変更の要否）を考え、訴因変更が必要と判断された場合に、次に、訴因変更は可能なのだろうか（訴因変更の可否）を検討することになります。

訴因の同一性をどのように判断するのか

　どのような場合に訴因変更が必要になるかについては、見解

第3章 ■ 公訴提起

● **訴因変更の要否** ●

訴因変更が必要な場合 一定の重要事実に変更があった場合

（例：ケース①で起訴したが、ケース②の事実が判明）

ケース① Aは、Bの指輪を盗んだ（窃盗罪）

ケース② Aは、Bの指輪を盗んだXから、盗品を
ただで譲り受けた（盗品等無償譲受罪）

訴因変更が不要な場合

・起訴状に書かれていた金額がわずかに違う
・犯行時刻が多少ズレている　など

が分かれるところです。もっとも、窃盗事件の訴因として起訴
されたが、起訴状に記載されている内容と比較して、金額が
わずかに違う場合や、犯行時刻が多少ズレている場合などは、
「訴因の同一性」があると判断されて、訴因変更は不要となり
ます。わずかに事実が異なるだけで、訴因変更手続を必要とす
るのは現実的でないからです。

　これに対して、起訴状に記載されている内容と比較して、一
定の重要事実に変更があった場合は、訴因変更が必要になりま
す。そして、どのようなことが「一定の重要事実の変更」にあ
たるのかについては、そのような事実の変更があれば、被告人
の防御に不利益を及ぼすであろうと考えられる場合に「一定の
重要事実の変更」があったと判断するのが通説の立場です。

312条の公訴事実も256条の公訴事実と同じか

　刑事訴訟法は、訴因の変更を「公訴事実の同一性を害しない
限度」で認めています（312条）。公訴事実という概念は、起
訴状に記載すべきものとして、256条でも規定しています。し

107

かし、312条の公訴事実は、256条の公訴事実とは異なる概念であると考えられています。つまり、256条の公訴事実は、審判の対象という意味での公訴事実で、前述したとおり訴因と同義だと考えます。これに対して、312条の公訴事実は、広義の公訴事実の同一性を問題とする意味での公訴事実だと考えます。

広義の公訴事実の同一性とは、訴因変更を可能とするためには、①犯罪事実が1個であることを要求する（公訴事実の単一性と呼びます）とともに、②どこまで離れた訴因に変更することが許されるのか（狭義の同一性といいます）という問題を含む概念であると考えます。

判例は、312条にいう「公訴事実の同一性」があるかないかを判断するために、両訴因の非同一性（両訴因が択一関係にあること）という概念を利用しています。これは、AとBとが公訴事実の同一性があるというためには、日時・場所、態様などから「Aが認められる限り、Bの成立は社会的に見て認めることができない」という関係を要求するものです。逆にいうと、このような択一関係があれば公訴事実の同一性があるとするものです。

たとえば、10月14日頃の静岡県内における背広1着の窃盗の訴因と、同月19日頃の東京都内における盗品（同じ背広1着）の有償処分あっせんの訴因に関し、両者は「一方の犯罪が認められるときは他方の犯罪の成立を認め得ない関係にある」と認めることができるため、両訴因は「公訴事実の同一性」の範囲内に属するとした判例があります。

訴因変更には限界がある

312条の「公訴事実の同一性」は、訴因変更の客観的限界を

決める概念であるといわれていますが、訴因変更にはその他に時期的限界もあるといわれています。つまり、通常であれば訴因変更の請求を行わなければならない時期にこれをしないでいたのに、被告人の防御活動がうまくいって無罪になりそうな情況を見て、訴訟の最終段階になって、有罪判決を獲得するために訴因変更をするような場合です。

このように、被告人に対して不意打ちを与えるような訴因変更請求をすることは、権利濫用的な訴追活動として不許可と判断されます。

訴因変更命令とは

裁判所は、検察官が訴因として示した具体的犯罪事実以外の犯罪事実について審判することは許されません。たとえば、窃盗罪で起訴された公判手続の中で、裁判所が窃盗ではなく盗品等無償譲受罪という心証を得た場合に、窃盗の訴因のまま公判が維持されて判決に至ったとすると、裁判所としては無罪判決をするしかありません。刑訴法は当事者主義を採用していますから、訴因の変更も検察官の自由に任せなければなりません。そこで、裁判所としては、検察官に何も告げず無罪といってしまうのも1つの方法ではあるのです。

しかし、明らかに被告人が別の盗品等無償譲受罪を犯したことがわかっているのに、何もせずに無罪とするのは、実体的真実発見という観点からは問題があるでしょう。そこで、裁判所が検察官に訴因変更命令を出すことを認めています。

検察官は訴因変更に従う法的義務を負いますが、裁判所が訴因変更命令を発しても、検察官がこれに従って訴因変更手続をとらなければ、訴因は変更されません。

10 保　　釈

保釈とは

　保釈とは、起訴後に勾留されている場合に、保証金を納める
ことで、一時的に身体を解放してもらえる手続をいいます。被
告人が裁判所から呼び出されても出頭しない、逃亡した、など
の場合には、保証金が没取されます。保証金額は、犯罪の性質
や被告人の資産などを考慮して、どの程度の金額であれば被告
人の出頭を保証することができるかを判断して決められます。
被告人にこのような経済的・精神的負担を与えることで、被告
人の出頭を確保しているのです。なお、起訴前の勾留には保釈
という手続がないため、保釈が認められていません。この点に
は注意が必要です。

　なぜ、保釈という制度があるのでしょうか。身体を拘束する
ことは、それ自体が人身の自由という基本的な権利の制限です。
また、現行法が採用する当事者主義の訴訟構造においては、被
告人の自由な防御活動が保障されなければなりませんが、身体
を拘束されたままでは、思うような防御活動はできません。証
拠の収集や事実調査などを自らが行うことは、身体が拘束され
ている状態では不可能ですし、弁護人との打ち合わせも自由に
はできません。また、家庭や職場などから隔離されたままの状
態が続くと、精神的に追い詰められて、十分な防御活動を行お
うとする気力を被告人から奪ってしまうことさえあります。

　以上のように、被告人の防御の利益の観点から、被告人の身
体を拘束することはできる限り避けるべきであるため、保釈は
当事者主義と調和する制度だといえるでしょう。

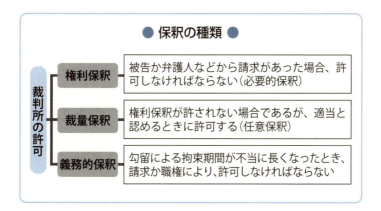

保釈にはどんな種類があるのか

保釈には、権利保釈（必要的保釈）、裁量保釈（任意保釈）、義務的保釈の3種類があります。

権利保釈とは、被告人や弁護人などから請求があれば、刑事訴訟法が定める例外にあたる場合を除き、これを許さなければならない保釈のことをいいます。

次に、権利保釈が許されない場合であっても、①保釈されたときに被告人が逃亡するか罪証を隠滅するおそれの程度や、②身体の拘束が続くことによって被告人が受ける「健康上、経済上、社会生活上又は防御の準備上の不利益」の程度など、さまざまな事情を考慮して、保釈が適当と認められるときは、裁判所が職権で保釈を許すことができます。これを裁量保釈といいます。2016年施行の刑事訴訟法改正により、裁量保釈の判断にあたっての①②の考慮事項が明文化されました。

さらに、勾留による身柄拘束期間が不当に長くなったときには、被告人や弁護人などの請求によるか裁判所の職権で、保釈を許さなければなりません。これを義務的保釈といいます。

11 訴訟条件

訴訟条件とは

　訴訟条件とは、訴訟手続を有効に成立させ、有罪・無罪の判決（実体裁判といいます）をするための条件をいいます。訴訟条件は、原則として公訴提起から公判手続を経て判決に至るまで、すべての段階で備わっていなければなりません。

　訴訟条件が欠ける場合は、有罪・無罪の判決はなされず、公訴棄却、管轄違い、免訴などによって訴訟手続が打ち切られます（形式裁判といいます）。

訴訟条件が欠ける場合

　訴訟条件が欠ける場合について、法律で規定しているものと、それ以外のものとに分類して見てみましょう。

① 法律に規定があるもの

　起訴状の謄本が被告人に送達されなかったとき、起訴状に記載された事実が何ら犯罪を構成しないとき（たとえば現在廃止されている姦通罪で起訴した場合）、被告人が死亡したとき、公訴が取り消されたときは、公訴棄却の決定となる訴訟条件が欠ける場合です。

　また、犯罪後に刑が廃止されたとき、公訴時効が完成したときは、免訴の判決となる訴訟条件が欠ける場合です。さらに、被告人に対する裁判権がないとき（たとえば、後述する逆送がない場合や親告罪で告訴がない場合）、二重に起訴されたときは、公訴棄却の判決となる訴訟条件が欠ける場合です。

　その他、裁判所に関する訴訟条件として、裁判権や管轄権の

第3章 ■ 公訴提起

● **訴訟条件が欠ける場合の流れ** ●

訴訟条件 訴訟手続を有効に成立させ、実体裁判をするための要件

訴訟条件が欠ける場合とは ➡
・起訴状が送達されなかった
・公訴が取り消された
・公訴時効が完成した　など

・実体裁判（有罪・無罪の判決）はなされない
・形式裁判（公訴棄却・管轄違い・免訴など）により訴訟手続が打ち切られる

問題があります。わが国の裁判所に裁判権がない場合（他国の外交官など）は、公訴棄却の判決となるのに対し、わが国に裁判権があるとしても、公訴提起された裁判所に管轄権がなければ、管轄違いの判決によって手続を打ち切ることになります。

　少年事件の場合は、すべての事件を家庭裁判所に送致しなければならないので、刑事処分が相当と判断されて家庭裁判所から検察官に事件が送致（逆送）されたとき以外は、公訴提起ができません。つまり、逆送がない場合は訴訟条件を欠きます。

　名誉毀損罪などの親告罪（告訴がなければ公訴提起ができない犯罪のこと）は、被害者などの告訴が訴訟条件であるため、告訴がない場合は訴訟条件を欠きます。

② **法律に規定がないもの**

　法律に規定がある訴訟条件以外にも、たとえば、前述した公訴権濫用論が適用される場合などは、訴訟条件を欠くとして、公訴提起が無効になることがあります。判例もごく限定的ですが、公訴権濫用論により公訴が無効になる余地を認めています。

113

Column

起訴状

　検察官が被疑者を起訴する（公訴を提起する）場合に、裁判所に提出する書面を起訴状といいます。起訴状のサンプルを下記に掲載しています。起訴状には、①被告人を特定するのに必要な事項、②公訴事実（犯罪行為の日時・場所など犯罪事実を特定する事実）、③罪名と罰条（適用すべき刑罰に関する法令の名称や条文など）が記載されます。

平成○○年検第○○○○号

起訴状

平成○○年○月○日

○○地方裁判所　殿

○○地方検察庁
検事　○○○○

下記被告事件につき公訴を提起する。

記

本籍　　○○県○○市○○区○○町○丁目○番○号
住所　　○○県○○市○○区○○町○丁目○番○号
職業　　会社員
　　（勾留中）○○○○

昭和○○年○月○日生

公訴事実

被告人○○○○は平成○○年○月○日午前○時○分頃、○○県○○○○市○○区○○町○丁目路上において、帰宅途中の○○○○とすれ違う際に、現金10万円及び合計15万円相当の金品が在中するカバンを強引につかみ取り、同人を路上に転倒させ、暴行を加えた上で強取し、同人に対して加療約30日間を要する右腕骨折、頭部打撲擦過傷などの傷害を加えたものである。

罪名及び罰条

強盗致傷　刑法第240条前段

※本サンプルは、被告人を強盗致傷罪で起訴する場合の起訴状を掲載しています。

114

第4章

公判手続

1 公判の基本原則と適正な審理

公判手続とは

公判手続とは、広い意味では公訴提起があってから、判決が確定するまでの過程を指します（広義の公判手続）。一方、狭い意味での公判手続（狭義の公判手続）は、公判期日（公開の法廷に訴訟当事者が集まるために定められた日時）における審理手続を指します。狭義の公判手続は、刑事訴訟の中核的な存在であるといわれており、この考え方を公判中心主義といいます。

公判の基本原則について

公判の基本原則として、公開主義、直接主義、口頭主義、迅速な裁判があります。

公開主義とは、広く一般国民に対して、裁判を公開する原則のことをいいます（憲法82条、同37条1項）。

直接主義とは、裁判所は、自ら直接取り調べた証拠に基づいて裁判を行うべきとする原則です。直接主義には、裁判所が自らの面前で取り調べた証拠に基づいて裁判をしなければならないとする側面と、証拠を直接見聞して犯罪事実を証明すべきとする側面（後述する伝聞法則につながります）があります。

口頭主義とは、訴訟当事者から口頭によって提供された資料に基づいて裁判を行うべきとする原則のことをいいます。

迅速な裁判は、憲法37条1項に基づき、被告人の権利として保障されています。これを受けて、刑事訴訟法1条は「刑罰法令を迅速に適用実現」することを目的としています。さらに、迅速な裁判の実現とともに、「刑罰法令を適正に適用実現する」

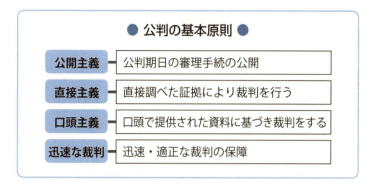

ことも目的としています。つまり、刑事訴訟法1条は迅速・適正な裁判の実現を目的としています。

訴訟手続は、訴訟当事者の手続的権利を重視すればするほど、裁判が確定するまでの時間がかかりがちです。一方、訴訟手続は、迅速性を実現すればするほど、適正性を欠くものとなりがちです。そのため、迅速な裁判と適正な裁判の両方を実現するのは難しいのですが、どちらも重要な目的であることから、刑事訴訟法1条は両立するよう規定しています。

訴訟指揮権と法廷警察権

裁判所は、公判手続においては審判者として、公平な第三者の立場から、法廷の秩序を維持し、適切な訴訟指揮を行い、事実の認定や量刑について判断します。この役目を果たすため、裁判所には訴訟指揮権と法廷警察権が認められます。

訴訟指揮権とは、訴訟の進行を秩序付ける（訴訟手続を主宰する）権限のことをいいます。

法廷警察権とは、法廷の秩序を維持し、訴訟の進行の妨害を阻止する権限のことをいいます（たとえば退廷命令）。

2 公判準備

公判準備とは

公判手続（広義の公判手続）は、公判期日の審理手続（狭義の公判手続）と公判準備の2つに分けられます。このうち公判準備は、広い意味では、裁判所や訴訟関係人によって行われる、公判期日における審判手続の準備活動を指します。一方、狭い意味では、公判期日における充実・迅速な審理のための争点や証拠の整理手続を指します。

公判準備は、公判期日の審理手続における証拠・資料を充実させ、迅速な裁判を実現するために重要な意味をもちます。ただし、公判準備に重きを置きすぎると、公判期日の審判手続を形骸化するおそれや、裁判官に予断を抱かせるおそれがある点に配慮しなければなりません。

まず、公訴が提起された後、すぐに、起訴状謄本を被告人に送達しなければなりません。これは、公訴が提起されたことを、当事者である被告人に早急に知らせ、準備活動の時間を確保するための規定です。そのため、公訴提起の日から2か月以内に起訴状謄本が送達されないときは、公訴提起はさかのぼってその効力を失います（決定によって公訴が棄却されます）。

裁判所は、被告人に弁護人がある場合を除き、弁護人選任権などについて告知しなければなりません。具体的には、①弁護人選任権、②国選弁護人選任請求権、③弁護人がなければ開廷することができない事件についてはその旨、などを告知しなければなりません。

公判期日は裁判長によって指定されます。このとき、通常は

第4章 ■ 公判手続

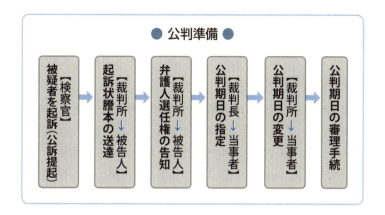

● 公判準備 ●

【検察官】被疑者を起訴（公訴提起） → 【裁判所】起訴状謄本の送達→被告人 → 【裁判所】弁護人選任権の告知→被告人 → 【裁判長】公判期日の指定→当事者 → 【裁判所】公判期日の変更→当事者 → 公判期日の審理手続

当事者の都合などを確認した上で、裁判長が具体的な日時を指定します。また、公判期日の変更は、当事者の意見を聴いた上で、裁判所が指定します。

訴訟当事者の公判準備

公判手続を迅速に行い、充実した審理を実現するためには、訴訟当事者における公判準備が大きな役割を果たします。

そのため、当事者は、第1回公判期日前に、できる限り証拠を収集・整理し、準備しなければなりません。特に検察官は、取調請求を予定している証拠物などを被告人側に閲覧させなければなりません。裁判所は、検察官や弁護人に訴訟の準備状況を問い合わせたり、準備を促すことができます。

また、裁判所は、第1回公判期日前に、検察官、弁護人を出頭させた上、訴訟の進行について必要な事項の打ち合わせをすることができます。これも、公判手続を充実・迅速に行うために要求されます。ただし、事件に予断を生じさせるおそれのある事項についてはできません（予断排除の原則）。

119

3 公判前整理手続

公判前整理手続とは

公判前整理手続とは、2005年施行の刑事訴訟法改正によって導入された「争点及び証拠の整理手続」のことをいいます。具体的には、第1回公判期日の前に、裁判所や訴訟当事者（検察官、弁護人、被告人）が、事件の争点を明確にし、公判期日の審理手続（公判の審理）において取り調べる証拠を厳選し、後の審理計画の見通しを立てるのを目的とした公判準備の手続です。

公判前整理手続では、訴因や罰条を明確にさせること、公判の審理においてする主張を明らかにさせること、証拠調べの請求などを行うことができます。

公判前整理手続は、裁判員裁判対象事件では必ず行わなければならないことから、その役割が重要になっています。裁判員裁判対象事件でなくても、充実した公判の審理を継続的・計画的で迅速に行うため必要があるときに、訴訟当事者の意見を聴いて、裁判所の職権で公判前整理手続を開始するのが原則です。ただし、2016年施行の刑事訴訟法改正により、訴訟当事者にも公判前整理手続の申立権が与えられています。

検察官手持ちの証拠の開示請求

まず、検察官が、公判の審理において証拠により証明しようとする事実を明らかにし、立証に必要な証拠調べ請求を行い、被告人や弁護人に対して証拠を開示します。これを受けて、被告人や弁護人は、検察官に対して、検察官請求証拠（検察官が

第4章 ■ 公判手続

証拠調べ請求をした証拠)について、その証明力(証拠としての価値のこと)を判断するために重要となる検察官手持ちの証拠(検察官が開示していない証拠)の開示を請求することができます。検察官は、相当と認めるときには、請求された証拠を開示しなければなりません。

さらに、被告人や弁護人は、検察官に対して、自己の主張に関連する検察官手持ちの証拠の開示を請求することができます。検察官は、相当と認めるときは、請求された証拠を開示しなければなりません。

以上の手続によって、検察官手持ちの証拠を開示させることで、被告人や弁護人がより効果的に防御活動を行うことができるようにしています。

この後は、被告人や弁護人の側も、証明予定事項その他の公判の審理で主張する予定である事項を明示して、その主張に必要な証拠調べを請求するとともに、検察官に対して証拠を開示する必要があります。

4 第1回公判期日の最初の手続・簡略な手続

冒頭手続とは

　冒頭手続とは、第1回公判手続において、証拠調べに先立ち行われる手続のことをいいます。冒頭手続としては、①人定質問、②起訴状朗読、③権利の告知、④被告人・弁護人の陳述、という4つの手続を行うのが原則です。

① 　人定質問は、裁判長が、被告人に対し、人違いでないことを確かめるために足りる事項を問うものです。

② 　起訴状朗読は、検察官によって行われます。

③ 　権利の告知は、裁判長が、被告人に対して行うものです。被告人に告知する内容は、ⓐ終始沈黙できること、ⓑ個々の質問に対し陳述を拒むことができること、ⓒ陳述もできること、ⓓ陳述すれば自己に利益にも不利益にも証拠として用いられる可能性があること、です。

④ 　冒頭手続の最後に、裁判長は、被告人や弁護人に対して、被告事件について陳述する機会を与えなければなりません。これを罪状認否といいます。

簡略な手続で終結する場合

　刑事訴訟法には、通常の手続とは異なり、簡略な手続で終結する場合が規定されています。

　刑事訴訟による結果は、被告人や社会公共に大きな影響を及ぼします。もし、有罪となり懲役刑が科されれば、一定の期間、被告人は身体や行動の自由が大きく制約されます。また、どの行為が犯罪となり、どの程度の刑罰が科されたのかは、国民が

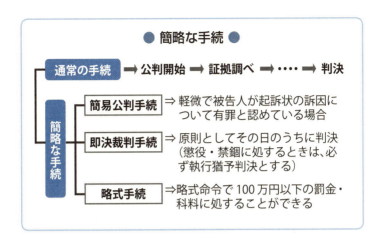

自由な行動をする上で重要な事柄です。そのため、刑事訴訟は適正手続が保障され、その結果が客観的な真実に沿ったものでなければならないので、手続は厳格に規定されています。

しかし、すべての事件に厳格な通常の手続があてはまるとは限りません。事件によっては、被害が軽微であり、被告人に科される刑罰も軽微となるものがあります。また、当事者間に事実や法律関係の争いがない場合もあります。

刑事訴訟は、特に被告人に対して負担を強いるものです。通常の手続をとることが、被告人に対して必要以上の負担を強いることもあるでしょう。刑事訴訟は国民の税金によって運営されていることから、どのような事件であっても、通常の手続をとることは不経済だということもできます。つまり、通常の手続よりも簡略な手続によるべき場合もあるといえます。

このような事情を考慮し、刑事訴訟法には、通常の手続よりも簡略な手続が規定されています。ここでは、刑事訴訟法が規定する簡易な手続として、簡易公判手続、即決裁判手続、略式

手続を見ていきましょう。

簡易公判手続とは

簡易公判手続は、裁判所の決定により行われ、①死刑、無期、短期1年以上の懲役・禁錮にあたらない軽微な犯罪であること、②被告人が起訴状に記載された訴因について有罪である旨を陳述したこと、③検察官、被告人や弁護人の意見を聴くこと、が必要です。簡易公判手続では、ⓐ原則として伝聞法則（⇨ P.156）が適用されず、ⓑ証拠調べが簡易化されます。

簡易公判手続による決定が取り消される場合もあります。それは、ⓘ事件が簡易公判手続によることができない事件であるとき、ⓡ簡易公判手続によることが相当でない事件であるときです。この場合、公判手続を更新し、通常の公判手続による審理が行われます。

即決裁判手続とは

検察官は、事案が明白かつ軽微であること、証拠調べが速やかに終わると見込まれることなどの事情を考慮して、相当と認めるときは、公訴の提起（起訴）と同時に、書面により即決裁判手続の申立てをすることができます。

ただし、申立てをするには、被疑者の同意が必要で、被疑者に弁護人がいる場合は弁護人の同意（意見を留保した場合も含みます）も必要です。被疑者の同意や弁護人の同意は書面でしなければならず、即決裁判手続の申立てにおいて、この書面も添付しなければなりません。

裁判所は、冒頭手続において、被告人が自ら有罪であることを陳述し、即決裁判手続によることが相当と判断した場合に、

124

即決裁判手続によることを決定します。

即決裁判手続は、通常の証拠調べ手続に関する多くの規定が除外されます。伝聞法則も原則として適用されません。

裁判所は、即決裁判手続による旨の決定をした場合は、できる限り、その日のうちに判決をしなければなりません。判決において懲役・禁錮の言渡しをする場合は、必ず執行猶予を付けなければなりません。なお、被告人が有罪の陳述を撤回した場合などは、裁判所が即決裁判手続の決定を取り消して公判手続を更新し、通常の公判手続による審判に移行します。

そして、即決裁判手続による判決は、事実誤認を理由として控訴することができません。被告人が自ら犯罪事実を認めていることを前提にしているからです。

略式手続とは

略式手続とは、簡易裁判所に属する軽微な事件について、略式命令により100万円以下の罰金か科料に処することができる手続をいいます。略式手続は、公判を開かないで（冒頭手続も行いません）、書面による非公開の審理により刑罰を科すものであるため、憲法82条・同37条1項に反しないかが問題となります。最高裁は、略式手続は合憲であると判断しています。

略式手続は、検察官が公訴の提起と同時に、書面によって略式命令を請求することにより行われます。道路交通法違反や自動車運転過失致傷の事件で広く利用されています。

略式命令は、請求のあった日から14日以内にしなければなりません。略式命令を受けた者や検察官は、14日以内に正式裁判を請求することができます。この請求があった場合、通常の公判手続に移行することになります。

125

5 証拠調べ手続

検察官による冒頭陳述

冒頭手続が終わると、証拠調べ手続に入ります。証拠調べ手続は、検察官が冒頭陳述を行い、証拠調べの請求や証拠決定がなされ、証拠取調べを実施するという順序で進みます。

冒頭陳述は、証拠調べ手続の最初になされるもので、検察官が証拠により証明すべき事実を明らかにすることをいいます。なお、裁判所は、検察官の冒頭陳述の後に、被告人・弁護人にも冒頭陳述を行わせることができます。

証拠調べの請求

刑訴法298条は、検察官・被告人・弁護人が証拠調べを請求できると規定しています。そして、裁判所による職権での証拠調べは、必要と認めるときにすることができると規定しています。これは当事者主義を徹底する趣旨です。特に検察官は、犯罪事実（公訴事実）をはじめ、被告人の処罰根拠となる事実に関する立証責任を負うため、事件の審判に必要と思われる事項について、すべて証拠調べの請求を行う必要があります。

なお、公判前整理手続に付された事件については、公判前整理手続の中で証拠調べの請求がなされるため、公判前整理手続終了後は、原則として、証拠調べの請求ができなくなります。

証拠調べの請求は、まず、検察官が事件の審判に必要と認めるすべての証拠について行います。これを受けて、被告人・弁護人が、必要と認める証拠の取調べを請求します。検察官が先に証拠調べ請求を行うのは、検察官が犯罪事実を立証する責任

126

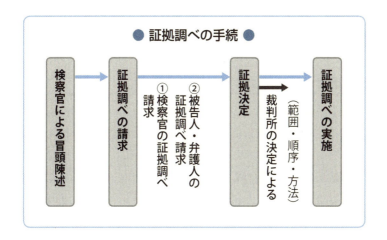

を負うからです。もっとも、公判廷外の自白については、他の証拠が取り調べられた後でなければ、証拠調べ請求をすることができません。これは、本人の自白のみでは有罪と判断されないという憲法 38 条 3 項の趣旨を徹底したものです。

また、証拠調べの請求は、立証趣旨を具体的に明示して行わなければなりません。立証趣旨とは、証拠と証明すべき事実との関係のことをいいます。

証拠調べの実施

証拠調べの実施に先立ち、裁判所は、当事者の意見を聴いた上で、証拠調べをする決定をするか、請求を却下する決定をします。これらの決定を証拠決定といいます。

証拠調べをする決定をした場合、裁判所は、当事者の意見を聴き、証拠調べの範囲・順序・方法を決定します。証拠調べを実施する方法としては、証拠書類の朗読や要旨の告知、証拠物の展示、証人尋問、被告人質問などがあります。

6 刑事手続における被害者保護制度

被害者保護制度はなぜ必要なのか

　刑事手続の当事者は、検察官と被告人・弁護人であるため、被害者（犯罪被害者）は証人などにしかなれず、情報提供者のようなものとして扱われてきました。しかし、被害者は刑事訴訟の結果に大きな関心を持っています。その一方で、被害者は、刑事訴訟に関わることによって、プライバシー侵害などの二次的被害を受けることもありました。そこで、刑事訴訟法は、被害者の参加と権利保護を目的とした制度を設けています。

　被害者保護制度には、①被害者参加制度、②損害賠償命令制度、③被害者の情報保護制度、④被害者による公判記録の閲覧・謄写の範囲の拡大などがあります。

被害者参加制度とは

　被害者参加制度とは、重大事件の被害者などが、裁判所から被告事件への参加許可を得た上で、被害者参加人として公判期日や公判準備期日に出席し、一定の訴訟活動を行う制度のことをいいます。

　被害者参加人となる「被害者など」とは、被害者本人の他、被害者が死亡した場合は、その配偶者、直系の親族、兄弟姉妹のことを指します。

被害者参加人ができること

　被害者参加人は、公判期日や公判準備期日に出席することができます。そして、被害に関する心情その他の被告事件に関す

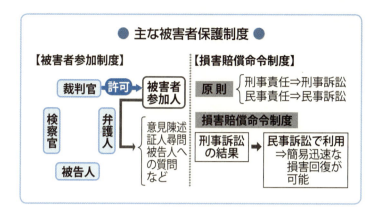

る意見を陳述したり、証人尋問、被告人への質問などをすることができます。また、被害者参加人の陳述は、単なる心情などに関わる事柄にとどまらず、事実や法律の適用についても陳述可能ですが、犯罪事実の認定のための証拠とすることはできません。しかし、量刑の資料とすることは許されます。

損害賠償命令制度とは

　損害賠償命令制度とは、故意の犯罪行為によって人を死傷させた事件について、刑事手続の結果を利用して、被害者などの損害を回復するための制度をいいます。

　日本の裁判制度は、刑事責任は刑事訴訟で決定し、民事責任は民事訴訟で決定します。そのため、被害者などが損害を回復するため、加害者に対して損害賠償請求をするには、民事訴訟を提起しなければなりません。訴訟を提起して責任を追及することは労力を要し、損害回復が遅延する可能性が高いことから、被害者などの救済が困難になります。そこで、簡易・迅速な損害回復のために損害賠償命令制度が設けられています。

7 証 拠

なぜ証拠が重要なのか

刑事訴訟においても、裁判所の最終的な判断である判決は、事実認定（犯罪事実の存否を確定すること）に基づいて行います。客観的な事実であれば、事実を認定することはそれほど困難でないでしょう。しかし、検察官と被告人側の主張が食い違っている場合は、どちらの主張が事実であるのかを、裁判所は認定しなければなりません。その事実認定の基礎になるものが証拠です。証拠とは、ある事実を認定するための根拠となるものです。

刑事訴訟法は、証拠に関する手続と、証拠として用いることができるものの要件などについて規定しています。

証拠裁判主義という考え方

刑事訴訟において、争いのある事実に関しては、当事者が証拠に基づいて証明を行わなければなりません。そして、裁判所は、当事者が提出した証拠をもとに、事実認定を行わなければなりません。これを証拠裁判主義といいます。もっとも、刑事訴訟の場合は、公判廷において調べることのできる証拠のみに基づいて事実認定を行わなければならないという原則があります。これは公判中心主義と呼ばれる考え方です。裁判所は証拠に基づいて、犯罪事実の存否についての印象を決め（心証の形成といいます）、事実認定を行います。

証拠裁判主義が持つ機能として最も重要なことは、自白に偏った判断を是正することです。かつては当事者の自白こそが事実認定のための根拠であると考えられ、特に被告人の自白を

第4章 公判手続

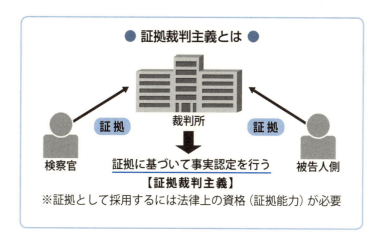

得るために、拷問などが行われることも少なくありませんでした。そのため、当事者の自白に依存するのではなく、当事者が主張したさまざまな証拠に基づいて、裁判所は事実認定を行うこととされているのです。

証拠能力が必要

　証拠裁判主義といっても、あらゆるものを証拠として裁判所に提出できるわけではありません。裁判所に証拠として提出する資料には、一定の法律上の資格が必要です。これを証拠能力といいます。証拠は法律上の事実（犯罪事実など）の存否を認定するために提出されるものですから、たとえば、単なる意見やうわさ話などには証拠能力を認めることができません。

　また、事件の目撃者などが、証人として自ら公判廷で証言する場合は、その証言に証拠能力が認められます。しかし、この目撃者の証言を伝え聞いた人が公判廷で証言をしても、原則として証拠能力を認めることができません（伝聞法則といいます）。

8 厳格な証明と自由な証明

厳格な証明とは

　刑事訴訟の事実認定においては、裁判官は証拠に基づき判断を行います。当事者が提出する証拠によって、裁判官が事実の存否について印象を抱く（「心証を得る」といいます）ことを証明といいます。また、裁判官に一定の心証を得させるために行う当事者の活動を証明と呼ぶ場合もあります。

　刑事裁判の中心は、犯罪事実の存否です。したがって、犯罪事実に関する証明は、適正・厳格な手続により得られた証拠に基づいて行わなければなりません。これを厳格な証明といいます。

　厳格な証明に対して、ある事実の存否を証明する際に、厳格な証明のような厳しい制約が及ばない証明を自由な証明と呼びます。自由な証明の内容については、提出される資料について、原則として証拠能力は不要と考えられています。犯罪事実に関わりがない訴訟上の手続に関する事実については、基本的に自由な証明でよいと考えられています。たとえば、公判期日の変更を求めるために主張される事実については、犯罪事実との関わりがないので、自由な証明でよいと取り扱われています。なお、自由な証明で足りる事項であっても、任意性に疑いのある自白を用いることはできません。

厳格な証明の対象

　厳格な証明が必要な事実としては、まず犯罪事実に関する事項が挙げられます。犯罪とは、刑法が規定する構成要件に該当する違法で有責な行為ですから、構成要件該当の事実、違法性

第4章 公判手続

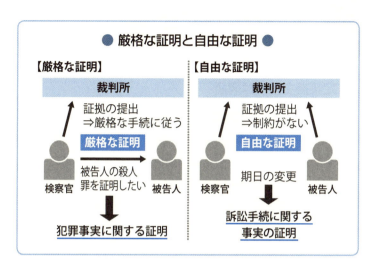

や有責性を基礎づける事実には、厳格な証明が必要です。

さらに、正当防衛や緊急避難のように違法性を否定する事項や、刑の加重や減免に関する事項についても、厳格な証明が必要だと考えられています。たとえば、刑の加重事由には再犯に関する事項が挙げられ、刑の減免事由には未遂に関する事項や責任能力に関わる事項（心神喪失や心神耗弱など）が挙げられます。

厳格な証明をめぐる問題点

厳格な証明が必要か否かが問題になる事項として、量刑を判断するために用いられる、行為者の動機や反省の程度などの情状に関する事実が挙げられます。判例は、行為者の動機などの犯罪事実に関わる情状に関しては厳格な証明を要求し、反省の程度などの量刑の判断資料に関わる事項については自由な証明でよいという立場をとっています。

133

9 自由心証主義

法定証拠主義では窮屈

当事者が提出した証拠能力をもつ証拠について、事実認定にあたってどの程度の価値を認めるのかは、基本的に裁判官の自由な心証に委ねられます。これを自由心証主義といいます。

これに対して、犯罪の認定にあたって、一定の証拠があれば必ず一定の事実の存在を認め、ひいては有罪としなければならないという考え方を、法定証拠主義といいます。

同じ犯罪事実に関する刑事訴訟でも、具体的事情を考慮した場合、同じ結論を導くことが不合理であることも少なくありません。一律に結論を導き出す法定証拠主義は、判断の安定性には長けていますが、時として不合理な結論を導き出しかねないのです。また、歴史的に法定証拠主義においては自白を特に重視していたので、拷問を用いた自白の獲得を横行させるものとして、強く批判を受けました。

自由心証主義が採用された理由

法定証拠主義のもつ不都合を克服するために主張された自由心証主義は、裁判官への信頼に基づく考え方といえます。特に拷問による自白の獲得が認められていた社会から、一般市民の人権を保障していくという市民革命期以降の歴史の流れに伴い、見識ある裁判官の判断に委任する自由心証主義が採られるようになりました。つまり、提出された証拠の価値を裁判官が判断して、心証の形成を自らの判断で行うのです。自由心証主義の下では、問題になっている訴訟において、具体的な事情を考慮

第4章 ■ 公判手続

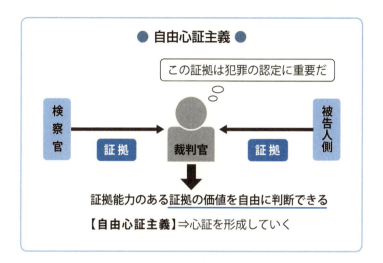

して、裁判官が証拠の価値を自ら判断することが可能です。したがって、個別の事情を取り除く法定証拠主義のような画一的な結論に比べて、より妥当な結論に至ることが可能になります。

自由心証主義にも制約がある

自由心証主義といっても、裁判官による恣意的な判断は許されません。たとえば、証拠は証拠能力によって資格が制限されており、まったくの自由な資料に基づいて裁判官が判断できるわけではありません。また、裁判官の判断が優先されるといっても、刑事訴訟は「疑わしきは被告人の利益に」という基本原則に従わなければなりません。

刑事訴訟法自体も自由心証主義の例外を認めています。つまり、有罪を決定づける証拠が自白しかない場合には、それのみで有罪と判断してはならず、他の証拠が必要になります。

10 挙証責任

真偽不明に陥ったら裁判官はどう判断するのか

　事実認定を行う際に、裁判官がある事実の存否について、一定の心証を得るために行われる当事者の行動を証明といいます。そして、事実の証明は当事者の証拠の提出により行われます。しかし、当事者が証拠を提出し、ある事実の存否に関して証明を試みても、裁判官がその事実の存否について、心証を得るまでに至らない場合もあります。これを事実に関する真偽不明の状態といいます。

　事実の存否が不明確である以上、本来的には裁判所はいかなる判断を言い渡すこともできないはずです。もっとも、裁判を受ける権利は、憲法が保障する個人の重要な権利ですので、真偽不明であるからといって、裁判所が判断を回避・放棄することは許されません。

挙証責任とは

　裁判所は、証拠を取り調べた結果としても、真偽不明である事実について、その事実の存否を判断する必要があります。このとき、裁判所が言い渡す判断によって、当事者のどちらかが不利益を被ることになります。このように、証拠を取り調べた後、事実が真偽不明であることによって不利益を被る当事者の地位のことを挙証責任（客観的挙証責任）と呼びます。

　刑事訴訟の場合は、原則として、犯罪事実に関して挙証責任を負うのは検察官です。国家による刑罰権の行使に関する紛争が刑事訴訟ですので、真偽不明であった事実に関する不利益を

136

第4章 ■ 公判手続

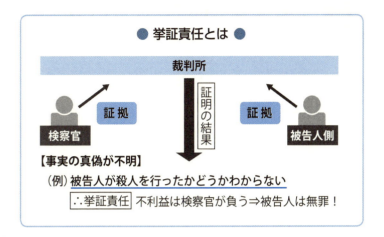

被告人に負わせるのは不適当だからです。また、被告人が積極的に犯罪事実を否定する活動をするのが必要だとすることも、刑事訴訟の性質から考慮すると好ましくないと考えられます。

なお、「挙証責任」という言葉には、もう1つ別の意味があることに注意が必要です。ある事実の存否に関して証拠を提出する義務を負うことも、挙証責任（主観的挙証責任）と呼ばれます。挙証責任を認めることで、主体的な証拠の提出を促し、手続の円滑な遂行が期待できます。

さらに、ある事実の存否について、証拠の提出義務を負う者を決定することを挙証責任の分配といいます。刑事訴訟の場合は、犯罪事実の成立に関する事項は、原則として検察官が挙証責任を負います。そして、最終的に事実の存否が真偽不明になった場合、挙証責任は真偽不明によって不利益を被る地位も指している言葉ですので（客観的挙証責任）、この場合に検察官が被る不利益というのは、被告人に無罪判決が言い渡されることを意味します。

11 「疑わしきは被告人の利益に」の原則

「疑わしきは被告人の利益に」の原則とは

　前の項目で見たように、刑事訴訟においては、犯罪事実に関する挙証責任（客観的挙証責任）は、原則として検察官が負担します。つまり、犯罪事実が真偽不明になった場合、その不利益を検察官が負います。これを被告人側から見れば、刑事訴訟において犯罪事実が真偽不明に陥った場合、被告人が有罪判決を受けることはありません。これを「疑わしきは被告人の利益に」の原則といいます。刑事訴訟では、検察官は被告人が犯したと疑われる犯罪事実について、その成立要件（犯罪の構成要件など）をひとつひとつ証明していかなければなりません。したがって、被告人は無罪だという推定の下で、刑事訴訟が開始されているということができます（無罪推定の原則）。

　「疑わしきは被告人の利益に」の原則が採用されている理由として、冤罪によって無実の被告人に刑罰を科してはならないということが挙げられます。仮に挙証責任を被告人に負わせてしまうと、犯罪事実について真偽不明に陥った場合には、罪を犯したからではなく、犯罪事実の証明に失敗したことを理由に刑罰を科することになってしまいます。このような極めて不当な状況を回避するために、犯罪事実に関する挙証責任を検察官に負わせて、犯罪事実が真偽不明に陥った場合には、被告人を無罪として扱うということが確立しています。

　ここまで見ていくと、「刑事訴訟においては検察官の負担が大きい」と思うかもしれません。しかし、検察官が挙証責任（客観的挙証責任）を負うのは、あくまで犯罪事実について真偽不

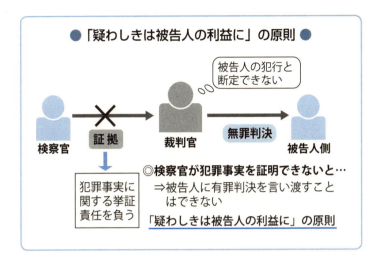

明に陥った場合に限られます。犯罪捜査に関する捜査機関の諸権限を考慮すれば、これは重い負担とまではいえないでしょう。

例外的に被告人が挙証責任を負う場合もある

以上の原則の例外として、挙証責任を被告人が負っていると考えられる場合があります。この場合、挙証責任を負う事実が真偽不明に陥ると、その不利益は被告人が負います。

たとえば、被告人が摘示（公衆に広く示すこと）した人の名誉を毀損する事実に公共性があり、公益目的で摘示したときは、事実が真実であると証明されたとき（真実性の証明）に、被告人を名誉毀損罪として罰しないと刑法が規定しています。この規定により、名誉毀損罪について無罪を主張したい被告人は、自ら真実性の証明をする挙証責任を負うと考えられています。もし真実性の証明ができないと、その不利益は被告人が負い、名誉毀損罪の成立を免れないことになります。

12 証拠裁判主義

証拠方法と証拠資料

　裁判官が判決の基礎にすることができる資料が証拠です。証拠にはさまざまなものがあり、証人、文書、行為者が犯行に使ったと考えられる凶器などが挙げられます。このように、具体的に証拠として提出されるものを証拠方法と呼んでいます。

　これに対して、証拠方法の証拠調べから得られるもので、事実認定の資料となるものを証拠資料といいます。たとえば、証人から得られる「証言内容」、文書から得られる「記載内容」、凶器から得られる「形状や性質」が証拠資料にあたります。

証拠にはどんなものがあるのか

　刑事訴訟の証拠に関しては、さまざまな分類がありますが、ここでは3種類の分類について見ていきましょう。

① 人証、物証、書証

　証拠方法の証拠調べの方式の違いに応じて、人証、物証、書証という分類ができます。人証とは、主に公判廷において口頭で証拠調べを行う証拠方法で、証人や鑑定人などが挙げられます。裁判所は主に尋問を通じて証拠資料（証言内容）を取得します。

　一方、物証とは、展示（提出された物件を示すこと）や検証を行うことで証拠資料（形状や性質）を得るための証拠方法で、凶器などが挙げられます。また、展示や朗読を行うことで証拠資料（記載内容）を得るための証拠方法を書証といいます。

② 人的証拠と物的証拠

　証拠方法の対象の違いに応じて、人的証拠と物的証拠の分類

140

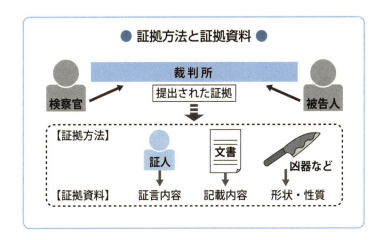

も行われています。

　人的証拠とは、証拠方法が自然人（生身の人間）である場合をいいます。たとえば、証人や鑑定人などが挙げられます。証人は事件の目撃者として公判廷で証言を要求される者で、鑑定人は専門的な知識・経験が必要な事実に関して専門的知見から裁判所の判断を補助する者です。これに対して、物的証拠とは、証拠方法が人的証拠以外である場合をいいます。

　両者は、取得に際しての強制処分に違いがあり、人的証拠の取得は召喚（呼び出し）や勾引（強制的に連れ出す）によるのに対して、物的証拠の取得は押収（捜索・差押え）によります。

③ 直接証拠と間接証拠

　証拠は、犯罪事実を直接証明するものか否かで、直接証拠と間接証拠に分類されます。証人の証言や被告人の自白などは直接証拠の例です。一方、凶器に残る被告人の指紋などは、被告人が凶器を握ったという事実を証明し、そこから被告人の犯行であることを推認できる証拠方法であり、間接証拠にあたります。

13 人証とその証拠調べの方式

人証とは

人証とは、事実認定の基礎や根拠になるべき証拠資料を、人の口頭での供述によって取得する証拠方法をいいます。人証の例として、証人、鑑定人、被告人が挙げられます。

人（生身の人間）は、さまざまな情報を記憶して、これを自在に表現することができるため、人証は事件の実体的真実発見において、とても重要な意味をもちます。また、人証は裁判所の面前で口頭で行うことから、裁判官は、証人の陳述の様子などをより直接的に確認できます。さらに、書証の場合は、裁判所に証拠として提出される前の段階で内容が歪曲されるおそれがあり、それを確認する手段も乏しいといえます。人証も内容が歪曲されるおそれはありますが、それを反対尋問によって直接確認する手段があります。さらに、裁判の基本原則である直接主義・口頭主義の要請も充たします。そのため、人証による証拠調べの方式は公判手続において重要視されます。

もっとも、人の供述は、事実の「認識（知覚）→記憶→表現」という過程の中で過ちが生じることがあります。また、人は意図的に真実と異なる供述をすることがあります。このように、人証には他の証拠にはない危険性も潜んでいます。

証人尋問

証人とは、裁判所・裁判官に対して、①自己の体験した事実の供述、②自己の体験から推測した事実の供述、③自己の特別の知識から推測した事実の供述をする者を指します。そして、

142

これらの供述から取得した内容（証拠資料）を証言といいます。証人になるためには、証人適格と証言能力が必要です。

証人適格とは、証人となることができる一般的資格です。原則として証人適格は誰にでも認められます。ただし、被告人は、黙秘権との関係で、証人適格がないと考えられています。

証言能力は、具体的な証言との関係で、犯罪事実の理解や記憶の程度、表現の正確性、供述する事項などを考慮し、その有無を判断します。裁判例では、事件当時4歳、証言当時5歳の幼児について証言能力を認めた例があります。

証人の義務

証人には出頭・宣誓・供述の義務があります。出頭義務とは、証人が召喚に応じなければならないことです。正当な理由なく召喚に応じない証人は、過料などの制裁を受けたり、勾引されることがあります。このような制裁規定を設けることによって、証人が事実を偽らずに、真相を語ることが期待できます。

また、証人は原則として宣誓しなければなりません。これが宣誓義務です。宣誓を正当な理由なく拒んだ証人は、過料など

の制裁を受けることがあります。

　証人は質問に対して供述しなければなりません。証人が正当な理由なく証言を拒んだ場合、過料などの制裁を受けることがあります。ただし、例外的に証言を拒絶できる場合があります。それは、自分や一定の親族が、刑事訴追を受けたり、有罪判決を受けるおそれがある場合や、一定の職業の者が業務上知り得た他人の秘密に関するものである場合です。

証人尋問の方式

　証人尋問の方式には、交互尋問制と職権尋問制があります。交互尋問制は、主として当事者が尋問をする方式のことです。一方、職権尋問制は、主として裁判官が尋問をする方式のことです。刑訴法304条は、裁判官がまず尋問をし、当事者は裁判官の後に尋問することが規定されています。しかし、公判において当事者主義を徹底するためには、交互尋問制をとるべきといえることから、現在の訴訟実務では交互尋問制が定着しています。

　交互尋問は、まず、証人尋問を請求した者による主尋問がなされ、相手方（他方当事者）による反対尋問がなされ、そして、証人尋問を請求した者の再主尋問という順序で行われます。

　主尋問では、立証すべき事項やこれに関連する事項、証人の供述の証明力を争うために必要な事項について尋問することができますが、原則として誘導尋問をすることはできません。誘導尋問とは、尋問者の求める答えが暗示されている質問のことです。たとえば、「あなたはそこで被告人が包丁を持っているのを見ましたね？」という質問は、被告人が包丁を持っているのを見た、という証人の答えが暗示されているため、誘導尋問にあたります。この場合、「あなたはそこで何を見ましたか」

と質問し、証人に「被告人が包丁を持っているのを見ました」と答えてもらうべきです。ただし、誘導尋問ができる例外的な場合として、「証人と被告人は職場の同僚ですか」という経歴・交友関係などの質問が許容されます。

反対尋問では、主尋問に現れた事項やこれに関連する事項、証人の供述の証明力を争うために必要な事項について尋問することができますし、誘導尋問をすることもできます。また、裁判長の許可を得れば、反対尋問の機会に、自己の主張を支持する新たな事項について尋問することもできます。

再主尋問は、原則として、反対尋問に現れた事項やこれに関連する事項について行われます。

尋問をする際には、できる限り個別的・具体的で簡潔な尋問によらなければなりません。これは、一問一答方式によるべき趣旨といえます。

当事者以外には、裁判長や陪席の裁判官も尋問ができます。また、裁判員も裁判長に告げて尋問ができます。被害者参加人も、裁判所が相当と認めるときは尋問ができます。

▌被告人質問

裁判長は、いつでも必要とする事項について、被告人の供述を求めることができます。陪席の裁判官、検察官、弁護人、共同被告人やその弁護人、裁判員も、裁判長に告げて被告人に供述を求めることができます。被告人は、終始沈黙したり、個々の質問に対して供述を拒んだりすることができ、逆に任意に供述することもできます。これを被告人質問といいます。

なお、被害者参加人は、裁判所が相当と認めるときに、被告人に直接質問をすることができる場合があります。

145

14 外国人犯罪と法廷通訳

法廷通訳とは

　裁判所では、日本語が用いられます。裁判官や裁判所を構成する人々、検察官、弁護人は日本語に精通しているため、被告人が日本人であれば、裁判が日本語でも問題はありません。しかし、被告人が外国人であり、日本語がわからない場合、問題が生じます。そこで、法廷通訳が必要になります。

　刑訴法 175 条は、日本語に通じない者に陳述をさせる場合には、通訳人に通訳させなければならないと規定しています。法廷通訳は、被告になる外国人にとっても重要な制度ですが、裁判所にとっても、被告人の供述などを理解して判断の基礎にするために必要な制度です。

　近年、日本の社会活動や経済活動は、国際化が進みました。そこで、日本国内には、日本語がわからない外国人が多く入国し、居住するようになりました。そうすると、日本国内においても、日本語のわからない外国人による犯罪が発生します。そのため、法廷通訳による通訳の必要性は、高まっています。

　刑事訴訟においては、言語による意思疎通が図れていることが重要です。被告人の黙秘権などの権利告知は日本語で行われます。また、今どのような手続にあるのかを理解するためには、言語による意思疎通が図れなければなりません。そこで、法廷通訳による通訳は、被告人の適正手続保障において、重要な意味を有するものといえます。

　なお、国際人権 B 規約 14 条 3 項(f)によると、被告人には「無料で通訳の援助を受ける権利」が保障されています。

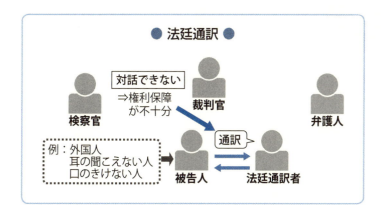

法廷通訳の対象者

法廷通訳の対象者は、日本語に通じない者です。なお、刑事訴訟法は、耳の聞こえない者や口のきけない者に通訳する者も通訳人と規定しています。

選任手続

法廷通訳として選任されることを希望する者は、各地方裁判所において裁判官による面接を受けます。これは、法廷通訳人としての適性を有しているかを判断するために行われます。

そして、適性があると判断された人は、刑事手続の概要、法律用語、法廷通訳を行うための一般的な注意事項などの説明を受けます。なぜなら、日本語に精通している者であっても、法律や刑事手続における特殊な用語などを理解していないと十分な通訳による意思疎通が図れないからです。

以上の手続を経て、通訳人名簿に登載されます。そして、裁判所は、具体的な事件において通訳人が必要な場合に、通訳人名簿に登載された者から、通訳人を選任します。

15 証人を保護するための制度

なぜ証人を保護する必要があるのか

　たとえば、証人が被告人に不利益な証言をして、被告人が有罪判決を受けたとします。このとき、被告人の仲間が後で証人に仕返しをしてくるかもしれません。また、若い女性に対する性犯罪があったとします。この場合に、被害者は事件の証人として証言することがあります。しかし、証人尋問において、被害者は思い出したくもない事実を思い出したり、人に聞かれたくない内容を証言しなければならないかもしれません。

　このように、被告人や傍聴人など他人の面前では供述することが困難である、他人に証人として証言したことを知られたくないという事情によって、被害者などから事件の証言が得られないとすると、実体的真実発見が達成されないおそれがあります。そこで、証人を保護するための規定が設けられています。

　もっとも、証人を保護する制度は、裁判の公開原則や被告人の反対尋問権をないがしろにするおそれもあります。そのため、証人の保護と刑事訴訟法の基本原則や被告人の権利との妥当な調和を図らなければなりません。

証人の氏名・住居に関する情報は保護されている

　証人尋問を請求する者は、相手方の反対尋問権を十分に保障するため、相手方に対して、証人の氏名や住居を知る機会を与えるのが原則ですが、例外的に知らせない措置が許される場合があります。たとえば、検察官は、証人やその親族の身体や財産に対する加害行為のおそれがある場合、弁護人に知る機会を

148

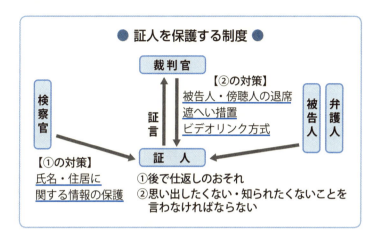

与えることを条件に、被告人に対して証人の氏名や住居を知らせない措置をとることができます。

証言をする者の負担を軽くする制度とは

裁判所は、証人の証言の機会を保障するために、被告人や傍聴人を退席させることができます。

また、裁判所は、証人尋問において、遮へい措置をとることができます。遮へい措置とは、被告人や傍聴人と証人との間に衝立などにより、両当事者が相手の状態を認識できないようにする措置のことです。

さらに、裁判所は、性犯罪の被害者などについて、ビデオリンク方式による証人尋問ができます。ビデオリンク方式とは、証人を別室に在席させ、法廷内にあるテレビモニターを用いてその姿を見ながら、マイクを通じて尋問を行う方式です。これらの措置は、憲法82条1項や37条1項に反しないか問題となりましたが、最高裁は合憲としています。

16 物証・書証とその証拠調べの方式

物証とは

物証とは、その存在や状態などが証拠資料（事実認定の基礎や根拠）となる物体のことです。物証は証拠物といわれることもあります。証拠資料を表出する媒体（証拠方法）が人の身体であれば人的証拠、物であれば物的証拠として扱われます。たとえば、被害者を包丁で刺して殺害した事件が起きた場合、殺害に使用された包丁が物証として証拠調べの対象になります。

物証の証拠調べの方式は展示・検証です。証拠調べが終わった物証は裁判所に提出しなければなりません。そして、提出された物証は裁判所において領置することができます。

書証とは

書証は物的証拠のひとつであって、証拠書類と証拠物たる書面とに分けることができます。

証拠書類とは、書類の記載内容が証拠資料（事実認定の基礎や根拠）となる書面のことです。取調べなどにおいて作成された被告人の供述調書などが証拠書類にあたります。証拠書類の証拠調べの方式は朗読です。

一方、証拠物たる書面とは、書面の記載内容に加えて、その物の存在や状態なども証拠資料（事実認定の基礎や根拠）となる書面のことです。たとえば、履歴書を偽造したとして私文書偽造罪（刑法159条）が問題となったとします。このとき、私文書偽造を立証するためには、履歴書の作成名義を偽っているという記載内容に加えて、偽造された履歴書そのものの存在も

150

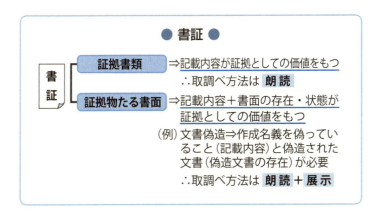

必要です。そのため、偽造された履歴書は証拠物たる書面にあたります。このように、証拠物たる書面は物証と書証の両方の性質を合わせ持つことから、証拠調べの方式は朗読と展示の双方が必要です。

なお、証拠調べが終わった書証の提出や裁判所における領置については、物証の場合と同様です。

証拠書類と証拠物たる書面はどう区別する？

証拠書類と証拠物たる書面は、どちらも書面であることから、どのように区別するのかが問題となります。

最高裁は、その書面の作成者、作成された場所や手続などによって区別するのではなく、書面の内容だけが証拠となるか（証拠書類）、書面そのものの存在や状態なども証拠となるか（証拠物たる書面）によって区別されると判断しています。また、証拠書類と証拠物たる書面とは、代替性の有無によっても区別可能です。つまり、証拠物たる書面は、まさに「その文書」自体が証拠であるため、他に代わるものは存在しません。

17 司法取引

なぜ司法取引が認められたのか

司法取引には、取引的刑事司法と刑事免責があります。厳密に司法取引というときは、裁判所を介さずに刑事手続の当事者間において行う取引的刑事司法を指します。

取引的刑事司法と刑事免責は、従来、わが国において、明文の規定がありませんでした。また、供述者の人権保障や刑事司法の公正性の観点から問題視されていました。

しかし、取引的刑事司法と刑事免責は、実体的真実発見に役立つと考えられることから、2016年の刑訴法改正により、協議・合意制度や刑事免責が導入されました。

協議・合意制度とはどんな制度なのか

取引的刑事司法とは、刑事手続における恩典の付与とこれに基づいた捜査への協力を内容とする協議や合意のことをいいます。刑訴法に規定された協議・合意制度は、取引的刑事司法にあたります。

協義・合意制度では、検察官と被疑者・被告人との間で、弁護人の同意を条件に、刑事手続について協議・合意をします。具体的には、被疑者・被告人が他人の刑事事件について真実の供述などの行為をする見返りに、検察官がその被疑者・被告人の事件について公訴を提起しないなどの行為をすることになります。協議・合意制度の対象となる犯罪は、組織的な犯罪や薬物犯罪、経済犯罪などに限定されています。

協議・合意制度は、組織的な犯罪など通常の捜査では解明が

第4章 ■ 公判手続

```
● 司法取引 ●

〈司法取引〉

  取引的刑事司法  恩典の付与＋捜査協力への協議・合意

  被疑者・被告人が他人の事件について真実を述べた場
  合、検察官は、その被疑者・被告人について公訴提起
  をしない（協議・合意制度）

  刑事免責制度  自己負罪拒否特権を失わせて供述を
              強制する制度

  証人の供述や、その供述に基づく証拠は、証人自身の
  刑事事件で不利益に用いられない

  ※組織的な犯罪、薬物事犯、経済犯罪などに限られる
```

難しい犯罪について、特に首謀者（会社の上層部など）を検挙するために、末端の構成員（会社の従業員など）から証拠を得ることができると期待されています。

刑事免責とはどんな制度なのか

刑事免責とは、検察官の請求に基づく裁判所の決定で、証人の自己負罪拒否特権を消滅させ、供述を強制する制度です。自己負罪拒否特権とは、自己が刑事訴追を受けるか、有罪判決を受けるおそれのある証言を拒むことができる権利です（憲法38条1項）。刑事免責が認められると、証人がした供述や、この供述に基づいて得られた証拠は、その証人の刑事事件において、証人の不利益に使用することができなくなります。

刑事免責も、たとえば、組織的な犯罪において、末端の構成員を逮捕し、刑事免責を用いることで、組織上層部の情報を得ることができ、犯罪の解明に役立つと期待されています。

153

18 証拠能力

証拠能力とは

証拠能力とは、刑事訴訟において、ある証拠を事実認定の資料として使用することのできる法的資格のことをいいます。

刑事訴訟において事実認定をするための証拠は、どのようなものであってもよいわけではありません。たとえば、訴訟の内容となっている事実とは関係のない証拠を用いると、審理を混乱させるおそれがあり、訴訟の遅延などを招きかねません。また、事実認定に誤りを生じさせる危険性がある証拠は、実体的真実発見を阻害するため、これを用いるべきではありません。

このように、証拠について証拠能力を要求することは、刑事訴訟において重要な意味を持っています。証拠能力とは、証拠としての使用が許される場合だといえるでしょう。

証拠能力が認められるための要件

ある証拠に証拠能力が認められるための要件として、①自然的関連性、②法律的関連性、③証拠禁止があります。

①自然的関連性とは、ある証拠が証明しようとする事実に対する必要最小限度の証明力（証拠としての価値）があることをいいます。たとえば、被告人の殺害行為を証明するときに、被告人の部屋にある書籍を証拠として提出しても、被告人の殺害行為は何も証明されません。このような証拠は自然的関連性を欠くので、証拠能力が認められません。

②法律的関連性とは、ある証拠に自然的関連性があっても、その証明力の評価（証拠としての価値に関する判断）を誤らせ

154

第4章 ■ 公判手続

● 証拠能力 ●

証拠能力 **事実認定の基礎・根拠となる証拠として用いることのできる資格**
⇔証明力：証拠の「価値」のこと
（証明力は証拠能力の存在が前提）

〈要件〉

①自然的関連性
（例）被告人の殺害行為の証明として被告人の部屋の書籍
⇒まったくの無関係なので、自然的関連性がない

②法律的関連性
（例）被告人の殺害行為の証明として被告人の部屋の「殺人」に関する書籍
⇒粗暴な性格はわかるが、被告人が犯人だと誤った判断をするおそれがあるので、法律的関連性がない

③証拠禁止にあたらない
（例）違法収集証拠排除法則
⇒①と②が認められても証拠禁止にあたる

る事情がないことをいいます。たとえば、被告人の殺害行為の証明において、被告人の部屋にある書物が殺人行為を楽しむ内容であったとします。この点から、被告人の粗暴な性格を立証できるとしても、だからといって被告人が殺害行為をしたとはいえません。このような証拠は、被告人の犯人性に誤りを生じさせるおそれがあり、法律的関連性を欠くため、証拠能力が認められません。これを悪性格の立証と呼ぶことがあります。

　③証拠禁止とは、①②の関連性が認められる場合であっても、提出された証拠を取り調べることが適正手続の理念に反するときに、証拠能力を否定すべき場合のことをいいます。つまり、証拠禁止にあたらないことが要件になります。後に説明する違法収集証拠排除法則が証拠禁止の典型例です。

155

19 伝聞法則

伝聞法則とは

　伝聞供述とは、たとえばCの傷害事件の法廷で、検察側の証人として呼ばれたAが、「『Cが被害者を殴っているのを見た』とBが言っていました」と証言した場合をいいます。この場合、Aは犯行を直接目撃しておらず、被告人側はCの犯行を直接目撃したBを反対尋問することができません。そこで刑事訴訟法は、このような伝え聞きの供述の証拠能力を、原則として否定しました。これが伝聞法則といわれるものです。

　また、伝え聞きの証拠は供述だけに限られません。証拠として提出された書面に「『Cが被害者を殴っているのを見た』とBが供述した」と記載している場合も同じです。

なぜ証拠能力が否定されるのか

　伝聞証拠の証拠能力が否定されるのはなぜでしょうか。前の項目で証拠能力があるかないかを判断するポイントとして3つあることを述べましたが、伝聞証拠は法律的関連性を欠くと判断されるものです。つまり、事実を認定する裁判官に誤った判断をさせるおそれがあるため、証拠能力が認められないのです。

　供述証拠は、体験・見聞した事実を知覚し、記憶し、叙述（表現）するという過程を経て、裁判官の元へ到達します。しかし、人の知覚・記憶・叙述はあてにならないことも多く、すべての過程で誤りが生じる可能性があります。そこで、反対尋問をすることで、それぞれの過程に誤りがないかを吟味し、その信用性を判断することが必要です。これは、憲法上の権利で

第 4 章 公判手続

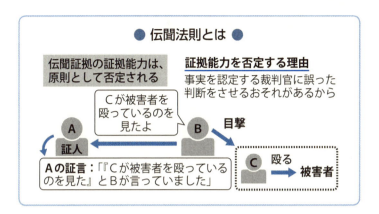

ある証人審問権として被告人に認められているものです（憲法37条2項）。

したがって、反対尋問のチェックを受けていない信用性の低い伝聞証拠は、原則として証拠として採用しないとしています。

伝聞証拠のように見えて伝聞証拠でないものもある

伝聞供述のすべてが伝聞証拠となるわけではなく、非伝聞証拠として伝聞法則が適用されない場合があります。たとえば、「『Cが被害者を殴っているのを見た』とBが言っていました」というAの証言について、これをCの傷害事実を証明するために使うのであれば、Bへの反対尋問が必要となるため、これは伝聞証拠です。しかし、同じ供述を「BがCの名誉を毀損した行為」を証明するために使うのであれば、非伝聞証拠となります（伝聞法則が適用されません）。Bの発言を直接聞いたAへの反対尋問ができるからです。

このように、伝聞供述が伝聞証拠となるか非伝聞証拠となるかは、何を立証しようとしているかによって決まります。

20 伝聞法則の例外

伝聞法則の例外とは

　伝聞供述や書面など公判廷での反対尋問を経ていない供述証拠には証拠能力を認めないのが原則です（伝聞法則）。しかし、伝聞証拠をすべて排斥すると、迅速な裁判や実体的真実発見が困難となるおそれがあります。そこで、一定の場合には、伝聞証拠であっても伝聞法則を適用しないという例外を認めました。

　第1に、刑事訴訟法が伝聞法則を採用しているのは、被告人の反対尋問権を保障するためですので、書面によっては伝聞法則を適用する必要がなく、証拠能力を認めてもよい場合があります。これには3つの場合がありますが、伝聞法則の例外というよりは、むしろ伝聞法則が適用されない状況である結果として、伝聞証拠の証拠能力が許容される場合だといわれています。

　まず、①反対尋問のチェックをすでに受けている場合です。たとえば、公判準備や公判期日における供述録取書（供述を聞き取り記録した書面のこと）、裁判所や裁判官による検証（身体検査や現場検証など）の結果を記載した書面（検証調書といいます）がこれにあたります。

　次に、②当事者が反対尋問権を放棄している場合です。たとえば、検察官や被告人が証拠とすることに同意した書面（同意書面といいます）がこれにあたります。

　さらに、③被告人自身の供述のように反対尋問が無意味となる場合です。たとえば、被告人の供述を内容とする書面は、被告人に不利益な事実を認める内容であって、任意にされたものである場合に、証拠とすることができます。被告人は自分に不

158

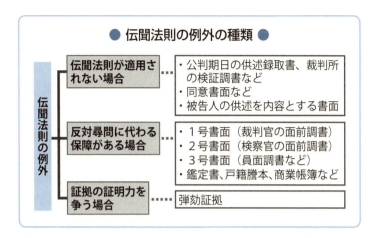

利なことをあえて言わないだろうから、任意に供述していれば信用性が高いと判断されているのです。

反対尋問に代わる保障がある場合

　第2に、証拠としての必要性が高く、反対尋問に代わる信用性の情況的保障があれば、例外的に証拠能力が認められます。

　ここでの「必要性」とは、直接目撃や体験をして供述をした人（原供述者といいます）が死亡するか行方不明となり、もはや原供述者から供述を得ることができない場合などを指します。単に伝聞証拠が証拠として重要だというだけでは「必要性」があるとはいえません。

　また、「信用性の情況的保障」とは、公判廷外の供述であるとしても、客観的情況から見て、反対尋問に代わるくらいの信用性があると認められる場合を指します。

　証拠能力を認めるか否かは、伝聞証拠である伝聞供述や書面を証拠として採用する「必要性」と「信用性の情況的保障」と

の強弱の兼ね合いによって決められます。

一般的に、裁判所や裁判官が関わる伝聞証拠については、公正中立である司法機関が作成していることから、信用性が高いと判断されて、捜査機関が関わる伝聞証拠よりも、証拠能力を認めるための条件が緩やかになっています。

なお、伝聞証拠となる書面（伝聞書面ともいいます）には、供述書と供述録取書とがあります。供述書とは、供述者自らが供述を記載して作成した書面のことです。一方、供述録取書とは、原供述者の供述を録取者が聴いて（これが1番目の伝聞過程です）、録取者がその供述を書面に記したものです（これが2番目の伝聞過程です）。つまり、供述録取書は「原供述者→録取者→書面」という形で、伝聞が2回生じています（これを再伝聞といいます）。そこで、原供述者が署名押印すること（1番目の伝聞過程を消すこと）を条件として、供述書と同じように扱うことにしています。

どんな場合に適用されるのか

第2の伝聞法則の例外について、最も厳格な要件を定めているのは刑訴法321条1項3号の書面（3号書面）です。たとえば、司法警察職員の作成した供述調書（員面調書といいます）、被害届、捜査機関の作成した捜査報告書があてはまります。

3号書面については、①原供述者の供述不能、②書面が犯罪事実の存否の証明に欠くことができない、③書面の供述を特に信用すべき情況（特信情況ともいいます）がある、という3つの要件をすべて充たす場合に限って、伝聞法則が適用されず、証拠能力が認められます。要件のうち①②が必要性で、③が信用性の情況的保障にあたります。

160

第4章 ■ 公判手続

そして、2号書面（検察官の面前調書）から1号書面（裁判官の面前調書）へと段階的に要件が緩和されていき、1号書面の場合は、原則として①の必要性のみで証拠能力が認められます。

また、捜査機関が行った検証の結果を記載した書面は、公判期日に作成者が証人尋問を受けて、「間違いなく私が作成し、検証の結果を正しく作成しました」という趣旨の供述をすると、伝聞法則が適用されず、証拠能力が認められます。

裁判所・裁判官が命じた鑑定人の作成した鑑定書も同様に、鑑定人が公判期日に証人尋問を受けて、真正に作成したという趣旨の供述をすれば、証拠能力が認められます。

なお、戸籍謄本や公正証書謄本などの公務文書、商業帳簿や航海日誌などの営業上正確な記載が期待できる業務文書、それ以外にも特に信用すべき状況の下に作成された書面は、類型的に見て信用性が高いと思われるので、無条件で伝聞法則の適用が排除されて、証拠能力が認められます。

証拠の証明力を争う証拠

第3として、たとえば、証人Aが法廷で「被告人が現場から逃げていくのを見ました」と証言したとします。それなのに、法廷外で作成された員面調書では、Aの供述として「現場から逃げたのが被告人かどうか、自信がありません」と記載されている場合、この員面調書をAの証言の証明力を減殺する（Aの証言はあてにならないことを示す）ために使うことがあります。

このように、供述の証明力を減殺する証拠のことを弾劾証拠といいますが、刑訴法321条から324条までの規定により証拠とすることができない伝聞書面や供述であっても、弾劾証拠として用いることは認められています。

161

21 自白法則

自白とは

自白とは、自己の犯罪事実の全部やその重要部分を認める被告人の供述のことをいいます。自白をした時期・場所・方法は問いませんので、公判廷でなされたものであっても、公判廷以外（たとえば被疑者として身柄拘束中のとき）でなされたものであっても、自ら犯罪事実を認める供述は自白ということができます。

ただし、共犯者や共同被告人が犯罪事実を認める供述は、被告人との関係では自白にあたりません。

自白排除法則とは

自白はその重要性から「証拠の女王」と呼ばれています。洋の東西を問わず、いつの時代も、自白は有力な証拠として扱われています。通常は自分に不利なことを言わないだろうと考えられていますから、あえて自分に不利なことを言っている自白があることは、犯罪事実を立証するための有力な証拠となります。証拠としての価値が非常に高いのです。

そのため、自白は捜査機関として最も欲しい証拠であって、これを引き出そうとして強制や拷問が行われてきたことは、歴史的事実としてよく知られているところです。この歴史的経緯をふまえて、刑事訴訟法は、自白の採取方法や、自白の利用の方法について大きな制約を設けています。

まず、自白の採取方法に関しては、強制・拷問による自白や不当な身柄拘束後の自白など、任意性に疑いのある自白は証

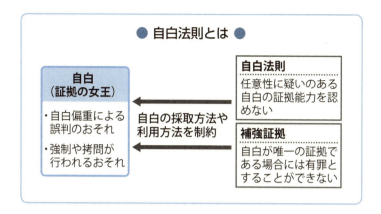

拠として認めないとする自白法則があります（憲法38条2項、刑訴法319条1項）。たとえ被告人が証拠とすることに同意しても、任意性に疑いがある自白は、証拠能力が認められませんし、証明力を争うための証拠（弾劾証拠）として用いることも許されません。

自白法則は任意性に疑いのある自白の証拠能力を否定するものですが、なぜ任意性に疑いのある自白を排除するのか、その根拠については、虚偽排除説、人権擁護説、違法排除説といわれる見解が主張されています。

虚偽排除説とは、任意性に疑いがある自白は、虚偽のものである可能性が高く、その信用性に乏しいとする見解です。

人権擁護説とは、供述の自由を中核とする被告人の人権を保障するために、任意性に疑いのある自白の証拠能力を否定することによって、人権侵害を防止する必要があるとする見解です。

違法排除説とは、自白採取の過程において、手続の適正を担保するためには、違法な手続によって採取された自白の証拠能力を否定すべきであるとする見解です。

補強証拠とは

次に、適法に自白を得られたとしても、それを補強する他の証拠（補強証拠）がなければ有罪にはできません。これを自白の補強法則といいます（憲法38条3項、刑訴法319条2項）。たとえば、被告人が自己の犯罪事実について、いくら「私がやりました。間違いありません」などと自白をしていたとしても、「私がやった」という事実について、他に何の証拠もないような場合には、裁判所は被告人を有罪とすることができないのです。

なぜ、自白の補強法則が規定されているのでしょうか。自白は、第三者の供述と比較すると、より過大に評価される危険があります。たとえ、その自白がウソであっても、自分から不利益なことを言っているのだから間違いないだろう、と判断されがちなのです。しかも、自白には、強要されやすいという特質があります。そこで、自白を偏重する方法を避けることで、誤判を防止するとともに、自白の強要を間接的に防止することにしました。この規定は、自由心証主義の唯一の例外として扱われています。

自白法則で問題となる場面

最高裁は、単純な窃盗事件であるのに、被告人を起訴前・起訴後を通じて109日間にわたり拘禁（勾留）し、その後に被告人が自白をした場合には、被告人の自白が「不当に長く抑留または拘禁された後の自白」（任意性に疑いのある自白の代表例です）にあたるとして、その証拠能力を否定しています。

また、両手に手錠をかけられた状態で取調べが行われた場合には、反証のない限り、その供述の任意性に一応の疑いを差し挟むべきであると考えられています。

第4章 ■ 公判手続

さらに、捜査官が被疑者に対してさまざまな利益を約束したことで自白した場合や、捜査官の偽計によって被疑者を錯誤に陥れて自白させた場合などが、任意性に疑いが生じる自白として問題視されています。

たとえば、自白をすれば起訴猶予にするという検察官の言葉を信じた被疑者が、起訴猶予になるのを期待してする自白が約束による自白といわれるもので、証拠能力が否定されています。

また、共犯者Aが自白をしたという虚偽の事実をBに告げてBに自白をさせ、そのBの自白を示して共犯者Aにも自白をさせる「切り違え尋問」によって得られた自白も、任意性に疑いがあるとして証拠能力が否定されています。

補強法則で問題となる場面

証拠能力がある証拠であれば、人証、物証、書証のいずれも補強証拠となります。もっとも、自白から実質的に独立した証拠でなければ補強証拠にすることはできませんので、被告人の供述は、同じ被告人の自白についての補強証拠としては利用できません。ただ、捜査を意識せずに被告人が作成していた日記や備忘録、商業帳簿などは、同じ被告人の自白についての補強証拠となる場合がある、とするのが最高裁の立場です。

また、ＡＢが共同被告人となっている場合に、Aだけが「2人でやりました」と自白し、Bが否認していたとします。この場合に、補強証拠がなければAを有罪にできないことは明らかです。一方、Bを有罪にする証拠としてAの自白を利用できるのかが問題となります。判例は、このような共犯者の自白であっても、独立した完全な証拠能力を持ち、被告人の自白についての補強証拠になるとしています。

165

22 違法収集証拠排除法則

違法収集証拠排除法則とは

違法収集証拠排除法則とは、違法な方法・手続によって収集された証拠の証拠能力を否定する原則をいいます。違法収集証拠排除法則は、物についても供述についても問題となりますが、供述の側面は前の項目で取り上げた自白法則に他なりません。以下では物について述べることにします。

たとえば、捜索差押令状がないにもかかわらず、家の中を捜索するという違法な捜査方法により、証拠物として殺人に用いた凶器や自己使用していた覚せい剤を発見して、これらを差し押さえた場合を考えてみましょう。

差し押さえた証拠物は、違法な方法で収集されたからといって、その証拠物の形や性質が変わるわけではありません。つまり、証拠物の証拠としての価値には何ら変化はありません。したがって、そのまま法廷に証拠として提出することが認められれば、被告人の有罪を認定するための有力な証拠となるでしょう。

なぜ違法収集証拠の証拠能力を否定するのか

違法な方法・手続によって収集した証拠を、そのまま犯罪事実を立証するために用いてよいのでしょうか。

憲法31条は適正手続を保障しています。適正手続を保障することで、被疑者や被告人に対する不当な人権侵害を防止しようとしているのです。しかし、違法な方法・手続によって収集された証拠が、犯罪事実を立証するための証拠として、無制限に証拠能力が認められるということになると、適正手続の保障

第4章 公判手続

● 「毒樹の果実」の法理とは ●

違法収集証拠排除法則
違法に収集された証拠の証拠能力を否定する原則

「毒樹の果実」の法理
派生的証拠（毒樹の果実）についても違法収集証拠排除法則を及ぼす

違法収集証拠から得られた派生的証拠
＝毒樹の果実

を実現することはできなくなります。

また、違法捜査は抑制されなければならないのに、違法捜査によって得られた証拠の証拠能力が肯定されるとなると、将来的にも同じような違法捜査が繰り返されるおそれが出てきます。

そこで、証拠を収集する方法・手続に違法があるときは、そこから得られた証拠の証拠能力を否定する場合があることを認めるのが、違法収集証拠排除法則です。違法収集証拠排除法則について、刑訴法は明文規定を置いていませんが、伝聞法則や自白法則などとともに、証拠能力に関係する重要な法則として最高裁が認めています。

判例にあらわれた具体的な場面

最高裁は当初、違法収集証拠排除法則を認めない立場を採用していましたが、その後は、認める立場に転換しています。

最高裁は、職務質問中に、承諾がないまま、その上衣左側の内ポケットに手を差し入れ、所持品を取り出し、それを検査し

た行為を違法と認めた上で、このような違法な所持品検査によって収集された証拠（覚せい剤など）の証拠能力の有無を判断するための基準について、次のように述べています。

　判断の前提として、事案の真相を究明するにあたっては、個人の基本的人権の保障をまっとうしながら、適正な手続の下で判断されなければならないとします。

　その上で、証拠物の押収（捜索・差押え）などの手続をする際に「令状主義の精神を没却するような重大な違法」があり、この証拠物を証拠として許容すると、将来的に違法な捜査を抑制するという見地から相当でないと認められる場合には、その証拠物の証拠能力が否定されるとして、違法収集証拠排除法則を認めました。

　これは「大阪覚せい剤事件」と呼ばれるもので、最高裁が初めて違法収集証拠排除法則を採用した画期的な判決だといわれています。もっとも、この事件においては、違法の程度が重大ではないとして、結果的には、違法な所持品検査によって得られた所持品（覚せい剤）の証拠能力を認めています。

　大阪覚せい剤事件の最高裁判決が出たのは 1978 年です。この最高裁判決で、違法な手続・方法によって収集された証拠が排除されるための基準が示されましたが、その後、実際に違法収集証拠排除法則を適用して、証拠物や書面の証拠能力を否定した最高裁判決はありませんでした。

　しかし、2003 年に初めて違法収集証拠排除法則を適用し、書面の証拠能力を否定する事件が登場しました。これは、逮捕時に逮捕状の提示がなく、逮捕状の緊急執行もないまま窃盗で逮捕した違法があった上に、警察官がこれをごまかすために、逮捕状や捜査報告書に虚偽の事項を記入した事件です。

第4章 ■ 公判手続

この事件について、最高裁は、逮捕の際における手続の違法の程度が「令状主義の精神を潜脱し、没却するような重要なものである」と判断して、逮捕当日に採取された被疑者の尿に関する鑑定書の証拠能力を否定しました（大津覚せい剤事件）。

■「毒樹の果実」の法理とは

たとえ、違法に収集された証拠を、違法収集証拠排除法則によって排除したとしても、その証拠から得られた派生的証拠を証拠として認めるとすれば、違法収集証拠排除法則が骨抜きになってしまうおそれがあります。

そこで、違法捜査によって収集された証拠に基づいて発見された他の証拠（派生的証拠＝毒樹の果実）にも、違法収集証拠排除法則を及ぼして、証拠能力を否定することが要求されます。この考え方を毒樹の果実の法理といいます。たとえば、現行犯逮捕の要件を欠き、違法に身柄を拘束しているときに撮影した写真を手がかりにして発見された犯行現場写真について、その証拠能力を否定することが考えられます。

もっとも、すべての派生的証拠の証拠能力が否定されるわけではありません。証拠能力を否定するかどうかは、①当初の証拠収集方法の違法性の程度、②派生証拠の収集過程と先行する違法手続との関連性などを総合的に考慮して決定されます。

一方、派生的証拠が違法行為とは関係のない独立の捜査活動によって得られた場合や、当初の証拠と派生証拠とのつながりが薄くなり、違法行為による「汚れ」が除去されている場合には、例外的に派生的証拠の証拠能力が認められます。これを「独立源の例外」や「希釈の法理」と呼びます。

169

23 弁論手続・判決手続

弁論手続の流れ

証拠調べが終わると、その結果に基づいて、当事者の意見陳述がなされます。これを弁論手続といいます。

最初に、裁判所が「まず、検察官。論告求刑をどうぞ」と言い、検察官が論告・求刑をします。論告というのは、今までの証拠調べ手続の中で、明らかになった事実や法律の適用について意見を述べることです。

これに加えて、通常は「被告人には懲役20年を求刑する」という形で、量刑についての意見も述べます。これを求刑といいますが、慣行として行われるもので、裁判所は、検察官による求刑に拘束されることはありません。

また、2007年に設けられた被害者参加制度によって、裁判所から参加が許された被害者参加人は、検察官の論告や求刑の後に、検察官と同じように、事実や法律の適用に関して広く意見を述べることができます。もっとも、被害者参加人の意見陳述は、あくまで意見に過ぎず、これを犯罪事実に関する証拠とすることはできません。なお、意見を述べる際には、被害者参加人の保護のために、付添人を付けることや、被告人から見えないような遮へい措置を採ることが認められています。

次に、弁護側が最終弁論を行います。弁護人側が、検察官が言ったことに対して「あれは間違いです」などと反論したり、情状の説明をしたりします。

最後に、被告人の最終陳述が行われます。裁判所が被告人に「最後に、何か言いたいことがありますか」と、最後に言いた

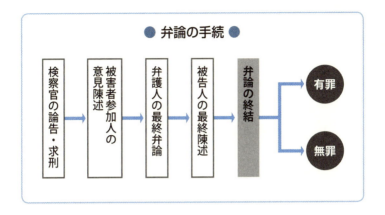

いことを言わせて終わりになります。

以上の弁論手続が終わると、審理手続は終結し（弁論の終結といいます）、後は判決の宣告を残すだけになります。

判決手続

判決は、公開の法廷で、裁判長が宣告によって告知します。判決の宣告は、主文と理由を朗読するか、主文の朗読と同時に理由の要旨を告げるという方法で行います。主文の朗読から理由の告知に入るのが通常ですが、主文に先立って理由を告げることもさしつかえありません。訴訟実務では死刑などの重大事件の判決を宣告する場合などに、ときどき行われています。

なお、判決を宣告する場合、日本語について標準的な理解力や表現力を欠いている被告人に対しては、通訳を付けなければなりません。

判決は宣告によって効果が生じ、上訴の提起期間（上訴期間）の進行が始まります。上訴期間が経過すると判決が確定し、有罪であれば、刑の執行を受けることになります。

24 　裁　　判

裁判とは何か

　日常用語としての「裁判」は、裁判所で行われる審理手続の全般（冒頭手続、証人尋問、論告・求刑など）を指して用いることがよくあります。しかし、刑訴法において、裁判とは、裁判所や裁判官の訴訟行為で、意思表示を内容とするものを指します。

　裁判は、裁判所や裁判官が意思決定を行い、その内容が外部に向けて表示されると成立し、不服申立期間（上訴期間など）の経過などによって確定します。

裁判の種類

　裁判の種類には、①判決、②決定、③命令があります。この区別は、裁判主体と手続内容に着目したものです。

① 　判決は、裁判主体が裁判所で、手続内容が原則として口頭弁論（公判廷の審理）に基づかなければなりません。

② 　決定は、裁判主体が裁判所で、手続内容が口頭弁論に基づくことを要しません。

③ 　命令は、裁判主体が裁判長・受命裁判官などの裁判官で、手続内容が口頭弁論に基づくことを要しません。

終局裁判とそれ以外の裁判という区分

　裁判の種類には、その審級を終結させるか否かに基づく区別もあります。この区別に基づき、終局裁判と非終局裁判に区別されます。

　終局裁判は、その審級を終結させる効果を持つ裁判のことを

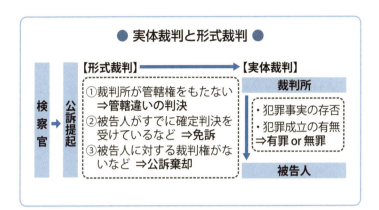

いいます。終局裁判は実体裁判と形式裁判に細分化されます。

　非終局裁判は、訴訟の継続進行を目的とする裁判です。非終局裁判は、終局前のものと終局後のものに分けられます。終局前のものとしては、勾留・保釈に関する裁判などがあります。終局後のものとしては、訴訟費用の執行を免除する決定などがあります。

実体裁判とは

　実体裁判とは、公訴提起の理由の有無について判断をする終局裁判のことをいいます。具体的には、裁判の対象となった犯罪事実の存否、犯罪としての成否や被告人の犯人性などを審理し、有罪・無罪の判決を言い渡すことです。

形式裁判とは

　形式裁判とは、公訴提起の有効・無効について判断し、その理由の有無について立ち入らない終局裁判のことをいいます。形式裁判には、①管轄違い、②免訴、③公訴棄却があります。

173

裁判所は、検察官が公訴提起をした場合は、実体裁判をしなければならないのが原則です。しかし、形式裁判をすべき事由がある場合は、形式裁判が行われます。逆にいえば、裁判所は形式裁判の事由が存在しない場合に、実体裁判をすることになります。そこで、実体裁判をするための手続的要件を訴訟条件といい、形式裁判の事由が存在しないことを「訴訟条件が充たされる」と表現することもあります。

① 管轄違いの裁判は、対象事件が裁判所の管轄に属しないときに判決で言い渡されます。管轄とは、刑事事件について裁判をする裁判所の権限分配のことです。たとえば、東京在住の被告人が東京で行った犯罪について、検察官が北海道で公訴を提起した場合には、管轄違いの判決が言い渡されます。

② 免訴は、ⓐ確定判決を経たとき、ⓑ犯罪後の法令により刑が廃止されたとき、ⓒ大赦（内閣が制定する政令により刑罰権が消滅すること）があったとき、ⓓ時効が完成したときに、判決によって言い渡されます。

③ 公訴棄却には、公訴棄却の決定が言い渡される場合と、公訴棄却の判決が言い渡される場合があります。どちらが言い渡されるかは、次のように決まっています。

公訴棄却の決定は、ⓐ起訴状に記載されている事実が何らの罪にもあたらない場合、ⓑ公訴提起後、判決までの間に被告人が死亡した場合などに言い渡されます。公訴棄却の判決は、㋑殺人罪の事件で起訴された後、同じ事件について起訴された場合（二重に起訴された場合）、㋺公訴が取り消された後に、特に新しい証拠が発見されていないのに同一の事件が起訴された場合、㋩被告人に対する裁判権がないとき（たとえば親告罪なのに告訴がない場合）などの場合に言い渡されます。

第4章 ■ 公判手続

裁判は主文と理由から構成される

　主文には、裁判の対象である事項についての最終的結論が示されます。そして、理由には、主文が導き出された過程・根拠が示されます。理由を付することで、裁判所が正当な理由に基づいて裁判を言い渡したかをチェックすることができます。そうすることにより、裁判の正当性が保障されます。また、当事者は、裁判に付された理由に基づき不服申立てをします。そして、上級審（控訴審や上告審など）は、原審の付した理由に基づき、その当否を判断します。このように、当事者や上級審においても理由は重要な意味を持ちます。そのため、裁判には、原則として理由が必要です。

　次に、裁判のうち「判決」の主文と理由を具体的に見ていきます。まず、有罪判決の主文には、たとえば、「被告人を懲役6年に処する」と示されます。他にも、執行猶予や訴訟費用の負担などが示されます。

　有罪判決の理由には、①罪となるべき事由、②証拠の標目、③法令の適用、④当事者の主張に対する判断が示されます。たとえば、①については、「被告人は被害者宅において、刃渡り30cmの包丁で、被害者の胸部を刺し、死亡させたため、刑法199条の殺人罪に該当する」と示されます。④については、被告人側が「罪に問われている行為は正当防衛（刑法36条1項）にあたる」と主張してきた場合、その当否についての判断が示されます。

　これに対して、無罪判決の主文には、被告人が無罪であることが示されます。

　無罪判決の理由には、被告事件が犯罪にあたらないことや、被告事件について犯罪の証明がないことを示すことで足ります。

175

25 裁判の効力・一事不再理効

裁判の成立

　裁判所や裁判官が宣告する裁判（判決・決定・命令）が効力を生じるためには、その前提として裁判が成立していなければなりません。裁判の成立は、内部的成立と外部的成立に分けられます。

　内部的成立とは、裁判機関（裁判所や裁判官）の内部において、裁判によって示すべき意思表示の内容が決定されることをいいます。そのため、内部的成立前に裁判官が交替した場合は公判手続の更新を要しますが、内部的成立後であれば公判手続の更新を要しません。

　裁判は、裁判機関の外部に意思表示の内容が示されることで、外部的成立となります。これにより、裁判をした裁判機関が自ら撤回や変更ができなくなるという効力が生じます。

裁判の確定

　裁判は、不服申立期間の経過などにより、通常の不服申立ての方法で争えなくなります。これを裁判の形式的確定といいます。さらに裁判が形式的に確定すると、裁判の意思表示の内容を動かすこともできなくなります。これを裁判の実質的確定といいます。たとえば、被告人を有罪とする終局判決が形式的に確定すると、終局判決が実質的にも確定し、被告人が有罪だという内容も動かせなくなるという効力が生じます。

　以上のように、裁判が実質的に確定すると、その裁判は執行可能な状態になります。これを執行力といいます。また、後

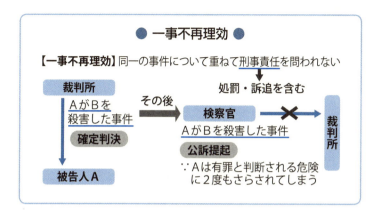

訴（時間的に後から提起された訴訟）の裁判所において、その判断内容と矛盾する判断ができなくなるという効力も生じます。これを既判力（拘束力）といいます。

一事不再理効

　一事不再理効とは、裁判の実質的確定によって、同一事件について再び公訴の提起ができなくなる効力のことをいいます。憲法39条は、すでに無罪と判断された行為や同一の犯罪について、重ねて刑事上の責任を問われないと規定しています。「刑事上の責任を問われない」とは、処罰や訴追をされないことも意味します。この規定を受けて、刑訴法は、確定判決を経たときは、免訴によって手続を打ち切ると規定しています。これらが一事不再理効の根拠規定です。

　公訴の提起を受けた被告人は、刑事訴追に伴う義務や責任を負います。また、有罪と判断される危険にさらされることも意味します。一事不再理効は、このような負担や危険を同じ事件について2度も負うことはないとするものです。

26 上 訴

上訴には2種類ある

　裁判に違法や不当な点がある場合、それを是正する制度が必要となります。上訴とは、未確定の裁判の違法・不当の是正を、上級裁判所に申し立てる制度です。

　上訴は違法や不当な裁判から当事者を救済することに意味があります。それだけでなく、上級裁判所が、上訴された紛争について判断を示し、その判断に下級裁判所が従うことで、紛争解決機関として統一的判断を示すという意味もあります。

　上訴については、判決に対する上訴と決定・命令に対する上訴とに区別されます。判決に対する上訴には、控訴と上告があります。判決に対する上訴は、2回の上訴機会が用意されており、全部で3回の審判機会が認められています。これを三審制といいます。決定に対する上訴は抗告といい、命令に対する上訴は準抗告といいます。

控訴とは

　控訴とは、刑事手続においては、第一審裁判所の判決の不服を高等裁判所に対して申し立てる制度のことをいいます。

　刑事手続の控訴審の役割は事後審（事後審査審）です。事後審とは、申立人の申し立てる変更・取消しの理由を中心に、原判決（第一審判決）の当否を事後的に審査することをいいます。

　控訴審が事後審の役割をもつ理由として、最高裁判所の負担軽減があります。裁判所の審理には、事実を確定する作業と確定した事実に法律を適用する作業があります。最高裁判所

178

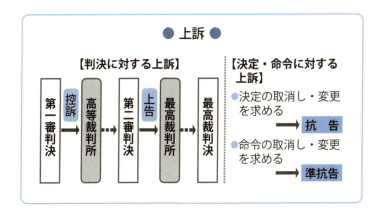

は、下級審の裁判で認定した事実に対して法律を適用する作業に、法令の解釈・適用の誤りがないかを審査します。そのため、最高裁判所は法律審といわれます。刑事手続では、高等裁判所にも法律審の役割を担わせることで、最高裁判所の負担を軽減することが期待できます。また、高等裁判所が法律審であれば、当事者が事実認定について第一審でしっかりと争うことも期待できます。そうすると、第一審の審理が充実します。このような趣旨から、控訴審の役割は事後審とされているのです。

もっとも、高等裁判所が法律審であるのは原則であり、必要に応じて事実を確定する作業についても審理します。

控訴審の終局裁判について

控訴審の終局裁判には、控訴棄却と原判決破棄があります。このうち控訴棄却には、①決定でなされる場合と、②判決でなされる場合があります。

① 決定で控訴棄却がなされる場合には、ⓐ第一審裁判所によってなされる場合と、ⓑ控訴裁判所によってなされる場合

があります。ⓐの例として、第一審裁判所に差し出された申立書が、控訴期間の経過後になされていた場合などがあります。ⓑの例として、第一審裁判所から控訴裁判所に訴訟記録や証拠物が送付された後、控訴を申し立てた者は、控訴裁判所に対して控訴趣意書を期間内に差し出さなければなりませんが、この期間を経過してから控訴趣意書が差し出された場合などがあります。

② 判決で控訴棄却がなされる場合として、口頭弁論を経た後、控訴期間を経過していることが判明した場合などがあります。控訴理由にあたる事由がない場合も、判決で控訴が棄却されます。

なお、実際には証拠能力が認められない証拠を採用したなど、訴訟手続の違反を理由に控訴を行うことも可能です。しかし、控訴裁判所がある訴訟手続の違反を認定したとしても、それが判決の結果に影響を与えるような違反ではない場合には、判決で控訴が棄却されてしまいます。

原判決が破棄されるとどうなる

控訴理由に該当する事由が認められた場合、控訴裁判所は、原判決を破棄しなければなりません。原判決破棄の場合、控訴裁判所は、①原裁判所への差戻しや他の裁判所への移送、②自判のいずれかの判断を示さなければなりません。

① 不法に管轄違いを言い渡したり、公訴を棄却したりしたことを理由として原判決を破棄するときは、差戻しの判断をしなければなりません。また、不法に管轄を認めたことを理由として原判決を破棄するときは、管轄のある第一審裁判所に移送しなければなりません。これら以外の理由の場合は、原

第4章 ■ 公判手続

則として差戻しか移送をしなければなりません。

② 自判は、控訴裁判所が直ちに判決をすることができる状態に達したと認めた場合に言い渡されます。

上告とは

上告は、高等裁判所の判決の不服を、最高裁判所に対して申し立てる制度のことをいいます。上告審は法律審です。つまり、上告審では、法令の解釈や憲法判断について、判断の統一性を確保することが重視されるということです。上告審の役割は、合憲性の審査と法令解釈の統一にあります。

上告は、基本的に控訴の規定が準用されます。上告審の終局裁判は、上告棄却と原判決破棄があります。原判決破棄の事由としては、上告理由に基づくものと、職権で認められるものとがあります。原判決が破棄された場合は、自判、差戻し・移送のいずれかが行われます。

抗告とは

抗告は、裁判所の決定について、変更や取消しを求める上訴のことをいいます。一方、裁判官の命令についてなされる上訴は、準抗告といいます。

抗告には、①一般抗告と②特別抗告があります。

① 一般抗告は、高等裁判所が管轄を有するものをいいます。一般抗告には、通常抗告と即時抗告があります。即時抗告は、即時抗告できる旨の規定があり、提訴期間が3日である抗告のことをいいます。通常抗告は即時抗告以外の一般抗告のことをいいます。

② 特別抗告は、最高裁判所が管轄を有するものをいいます。

181

27 再　審

なぜ非常救済手続が認められているのか

　非常救済手続には、再審と非常上告という制度があります。

　確定した裁判は、原則として変更されるべきではありません。なぜならば、裁判が確定することにより、どのような行為がどのような法的効果と結びつくか予見可能になるためです。裁判が簡単に変更されると、このような予見ができなくなり、社会に混乱をもたらすおそれがあります。また、一度確定した裁判が、容易に変更されるようでは、国民の裁判制度に対する信頼を損ねることになります。

　しかし、確定した裁判に重大な誤りが含まれていた場合、裁判を変更しないことは、逆に国民の裁判制度に対する信頼を損ねることになります。また、裁判に重大な誤りがあれば、どのような行為がどのような法的効果と結びつくか予見が困難になります。さらに、裁判の重大な誤りにより被告人が不当に不利益を被っている場合は、被告人の利益を保護するため、裁判を変更する必要があるといえます。

　このように、確定した裁判でも変更すべき場合があります。そこで、非常救済手続が認められました。

再審とは

　再審とは、確定裁判における事実認定の誤りを是正する制度をいいます。再審の役割は、有罪判決が確定した被告人の救済にあります。刑訴法は、無罪判決が確定した被告人に、改めて有罪判決を言い渡すという制度は認めていません。これは、憲

182

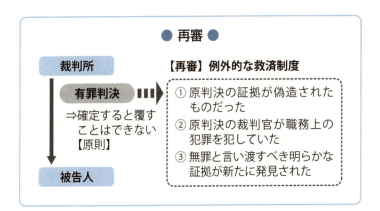

法39条が保障する二重の危険の禁止に反するからであると解されています。

再審の手続は、請求に基づき再審理由の有無を審理する手続と、再審理由が肯定されたときに開始される公判審理手続に分けられます。再審の申立てが認められると、確定した判決の審級に合わせて、まずは原判決をした裁判所の審判からやり直すことになります。それ以後の裁判手続についても再び行います。

再審の請求権者は、検察官、有罪の言渡しを受けた者（被告人であった者）、有罪の言渡しを受けた者と一定の関係にある者です。請求権者に検察官が含まれている理由は、検察官は、公益の代表者として法の正当な適用を求める立場にあるからです。

非常上告という制度もある

非常上告とは、確定裁判における法令違反の誤りを是正する制度のことです。非常上告は、法令の解釈・適用の統一を保障するための制度であり、被告人の利益を保障する制度ではありません。非常上告の申立ては、検事総長のみに認められます。

28 被害者を救済する制度と機関

犯罪被害者等給付金支給法とは

　犯罪被害者等給付金支給法とは、犯罪により死亡した被害者の遺族や、重大な傷病や障害を負った犯罪被害者に、国が一時金を支給し、継続的な援助措置をすることを定めた法律です。

　従来、刑事手続は、国家の恣意的な刑罰権行使を抑制することに主眼がありました。そのため、犯罪被害者の損害は、民事訴訟により補償されるものと考えられてきました。

　しかし、民事訴訟は訴訟の提起や訴訟における主張、証拠の提出を当事者の権能に委ねているため、当事者の能力次第では十分な救済を受けられない可能性があります。犯罪を完全になくした世の中が実現できない以上、犯罪による被害を被害者のみに負わせることは、制度のあり方としてよいものとはいえません。そこで、1980年に「犯罪被害者等給付金支給法」が制定されました。

　この法律は、2008年に「犯罪被害者等給付金の支給等による犯罪被害者等の支援に関する法律」と改称されました。そして、給付金の拡充が図られました。この改正により、この法律の性格は「支給」ではなく、社会全体による被害者の利益回復のための「支援」であることが明確に示されました。

犯罪被害者保護法・犯罪被害者等基本法

　犯罪被害者保護法は、犯罪被害者などによる公判手続の傍聴への配慮や公判記録の閲覧や謄写（コピー）などを内容とする法律です。

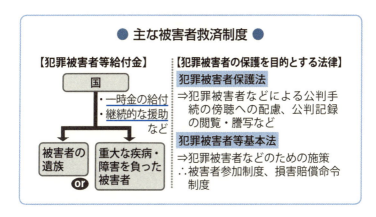

　犯罪被害者等基本法は、犯罪被害者などのための施策に関する基本理念を定める法律です。この法律に基づき、被害者参加制度や損害賠償命令制度などが創設されました。

　これらの法律も、刑事手続における被害者の保護や参加の必要性から制定されたものです。刑事手続が国家と被疑者・被告人の対立構造から成り立っていることから、被害者は犯罪事実の情報提供者でしかありませんでした。しかし、被害者は刑事手続に深い関心を持っており、その一方で刑事手続に関与することで二次被害を受けていると考えられるようになりました。そこで、これらの法律が制定されました。

公的相談機関・民間支援組織と取組み

　犯罪被害者のための公的相談機関としては、たとえば、「犯罪被害者ホットライン」があります。これは、犯罪被害者やその遺族を支援するため、情報提供や電話相談に応じています。

　民間支援組織としては、「全国被害者支援ネットワーク」や「犯罪被害者支援センター」などがあります。

29 裁判員制度

裁判員制度とは

　裁判員制度とは、一般国民から選任された裁判員が、職業裁判官とともに一定の犯罪に関する裁判を行う制度をいいます。

　21世紀を迎えたわが国において、刑事裁判に対して国民が参加できる部分は、非常に限定的であり、刑事裁判は国民にとって非常に遠い存在といわれていました。また、裁判官が言い渡す判決の量刑についても、一般国民の法感覚との「ズレ」が長らく指摘されていました。そこで、2009年5月より裁判員制度が導入されています。裁判員制度導入の趣旨は、国民にとって刑事司法が身近なものに感じられるよう、直接参加するシステムが必要であることにあります。また、判決の言渡しにあたり、一般国民の意見を考慮した上での内部的成立が必要になるため、刑事裁判の判決に一般国民の観点を導入することができる点も、趣旨のひとつです。

　裁判員に選任された人は、原則としてその刑事裁判への参加が義務づけられます。裁判員の参加を考慮して、比較的早期に公判手続が終了するように、審理は連日開かれる公判における集中審理の方式が採用されています。しかし、集中審理とはいっても、数日もの間、仕事などの日常生活から離れて公判手続への参加が求められるため、裁判員の負担は必ずしも軽くないともいわれています。また、裁判員は判決における量刑決定の協議にも参加しなければならず、特に死刑を選択しなければならない事件を担当した裁判員の心理的負担の大きさも指摘されています。

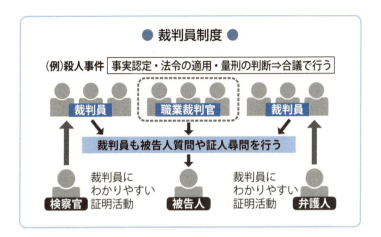

裁判員はどんなことをするのか

　裁判員裁判では、原則として、職業裁判官3名と、一般国民から選任された裁判員6名によって審理を行います。

　公判手続において、裁判員は、裁判長に告げて証人尋問や被告人質問を行うことができます。

　公判手続の場で専門性の高い法律用語だけが飛び交ってしまうと、国民にとって身近でわかりやすい司法の実現という裁判員制度の趣旨に反します。また、裁判員の過度な負担にならないように審理の迅速化が求められる裁判員裁判では、審理の停滞化を招いてスムーズな訴訟運営の妨げにもなります。

　そのため、公判手続においては、職業裁判官はもちろんのこと、検察官や弁護人も専門性の高い法律用語などについて裁判員にわかりやすく説明する必要があります。また、証拠を用いた証明活動においても、図表を用いるなどの工夫を凝らして、裁判員が、限られた公判手続の時間の中で、事実認定や被告人の有罪・無罪を判断する上で必要十分な情報を取得できるよう、

努力することが求められます。

なお、職業裁判官と裁判員は、基本的に優劣関係にはありませんので、事実の認定（有罪・無罪の判断）、法令の適用に関する判断、有罪とする場合の量刑の判断について、裁判員は職業裁判官と同等の権限をもって合議に参加します。

しかし、裁判員は、専門性が高い法律的な知識の面では、職業裁判官に頼らざるを得ません。そのため、法令の解釈や技術的な訴訟手続に関する事項については、職業裁判官が合議を行い、裁判員は職業裁判官の判断に従うことになります。ただし、職業裁判官は裁判員に対して意見を求めることができますので、裁判員が完全に排除されるわけではありません。

裁判員の選任・資格

裁判員の選任に先立って、毎年、衆議院議員選挙の選挙権のある者（2018年3月現在、選挙権を持つ者の年齢は18歳以上に引き下げられていますが、裁判員候補者は20歳以上の者に限定されています）の中から、裁判員法が規定する欠格事由などがある者を除いて、裁判員候補者名簿が作成されます。そして、具体的に裁判員裁判対象事件の公判期日が決定されると、抽選によって裁判員候補者が選任されます。

裁判員候補者は、裁判所に呼び出され、裁判長から裁判員の資格を確かめるのに必要な質問などを受けます。裁判員選任手続には検察官や弁護人（必要に応じて被告人）も同席しますが、選任手続自体は非公開で行われます。ここで欠格事由に該当しないことなどを改めて確認するとともに、その事件について審理に参加することがふさわしくない者について、不選任の決定を行います。検察官や弁護人は特に理由を示すことなく、4名

第4章 ■ 公判手続

の裁判員候補者の不選任を請求することができます。さらに、裁判員候補者の辞退が認められる場合もあります。

その後、不選任決定を受けなかった者の中から、くじなどの無作為の方法により、裁判員や補充裁判員（裁判員の数に不足が生じる場合に代行する者のこと）が選任されます。

裁判員裁判はどんな事件を扱うのか

裁判員裁判対象事件は、原則として、①死刑・無期懲役にあたる罪に関する事件、②刑罰が重大であり、必ず合議による審判が求められる事件（法定合議事件）のうち、故意に人を死亡させた罪に関するものです。裁判員裁判対象事件について、被告人が裁判員の参加を拒むことはできません。ただし、裁判員やその親族などの生命・身体・財産に危害が及ぶおそれがある場合には、裁判所の決定により、例外的に裁判員が参加せずに、職業裁判官のみで審理が行われることがあります。

部分判決とは

被告人が、複数の裁判員裁判対象事件で起訴されている場合があります。この場合に、同一の裁判員がすべての審判に参加するとなると、裁判員の負担を軽減するために迅速・集中的に審理を終結させるという裁判員制度の趣旨に反することになります。そこで裁判所は、事件を区分して、区分した事件ごとに裁判員を選任する決定を行うことができます。そして、事実認定に関する判決を先に言い渡すことができます。これを部分判決といいます。その後、終局判決の言渡しに参加する裁判員は、部分判決で示された事実関係をもとに、量刑の判断を行うことになります。

189

30 少年事件手続

少年事件の対象と手続

少年事件とは、行為者が少年（20歳未満の者）である場合には、通常の刑事手続とは異なり、少年法の規定に従うことになります。特に少年については、刑罰による処罰以上に、健全な育成や矯正などの更生の機会を保障するという観点を忘れてはいけません。

少年事件では、対象の少年を以下のように区分しています。まず、犯罪を犯した犯罪少年と、犯罪を犯したものの14歳未満であるために、刑法の適用対象外である触法少年の区別が重要です。さらに、犯罪行為を犯してはいないものの、環境などを考慮すると、そのおそれがある虞犯少年も対象に含まれます。

少年事件に関しても、14歳以上の者であれば、通常の刑事事件と同様に、捜査機関が事件を検察官に送致します。もっとも、成年であれば起訴猶予と判断されるような事案であっても、その後いったん必ず家庭裁判所に送致されます。また、14歳未満の者で、犯罪の嫌疑がある場合や虞犯少年についても、児童相談所を通じて、必ず家庭裁判所へと送致されます。

家庭裁判所に送致された少年は、調査を経て、審判を受けます。これを少年審判といいます。少年審判は、通常の刑事手続とは異なり、家庭裁判所において非公開で行われます。審判手続では裁判官の裁量が広く認められ、証拠調べなどに関する刑事訴訟法の厳格な規定が適用されません。そして、家庭裁判所が必要と認めた場合には、少年を保護処分に付します。具体的には、保護観察処分にしたり児童自立支援施設や少年院に送致

190

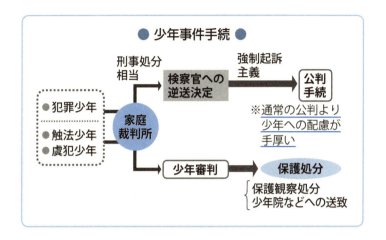

します。

　もっとも、少年事件が家庭裁判所に送致された時点で、刑事処分を与えることが相当と認められると、再び事件は検察官に送致されます（逆送決定）。逆送決定の対象になるのは、犯行当時14歳以上の少年事件です。また、犯行当時16歳以上の少年が故意に人を死亡させた事件については、原則として逆送決定が行われます。逆送決定された事件については、検察官は原則として起訴しなければなりません（起訴強制主義）。

　公判手続は、通常の刑事手続と同様で公開で行われますが、少年の心情への配慮が求められ、家庭裁判所の調査内容を中心に慎重な審理が行われます。審理の結果、少年に刑事処分を与えるべきであるという結論に至ったとしても、通常の刑事手続とは大きく異なります。たとえば、18歳未満の少年には死刑判決を宣告することはできません。また、懲役刑や禁錮刑について、成人事件にはない不定期刑（期間の上限と下限のみが定められた刑）を科すことが可能です。

ピンポイント刑事訴訟法

2018 年 6 月 29 日　第 1 刷発行

編　者　デイリー法学選書編修委員会
発行者　株式会社　三省堂　代表者　北口克彦
印刷者　三省堂印刷株式会社
発行所　株式会社　三省堂
　　　　〒 101-8371　東京都千代田区神田三崎町二丁目 22 番 14 号
　　　　電話　編集（03）3230-9411　　営業（03）3230-9412
　　　　http://www.sanseido.co.jp/
〈ピンポイント刑事訴訟法・192pp.〉

©Sanseido Co., Ltd. 2018　　　　　　　　　　　　Printed in Japan
落丁本・乱丁本はお取り替えいたします。

本書を無断で複写複製することは、著作権法上の例外を除き、禁じられています。
また、本書を請負業者等の第三者に依頼してスキャン等によってデジタル化する
ことは、たとえ個人や家庭内での利用であっても一切認められておりません。

ISBN978-4-385-32027-4